LLAIS UN YN LLEFAIN

LLAIS UN YN LLEFAIN

Monologau cyfoes Cymraeg

Gol: Ian Rowlands

Argraffiad cyntaf: Ebrill 2002

Ⓗ *awduron/Gwasg Carreg Gwalch*

Rhif Llyfr Safonol Rhyngwladol:
0-86381-758-0

Cynllun clawr: Sian Parri, yn seiliedig ar ddarlun gan Selwyn Jones

Cefnogir gan Gyngor Celfyddydau Cymru.

Cyhoeddir yr addasiad llwyfan Gobeithion Gorffwyll *o*
La Femme Rompue, *cyfrol Simone de Beauvoir drwy ganiatâd*
perchennog yr hawlfraint, Editions Gallimard.

Argraffwyd a chyhoeddwyd gan Wasg Carreg Gwalch,
12 Iard yr Orsaf, Llanrwst, Dyffryn Conwy, LL26 0EH.
☎ *01492 642031*
▤ *01492 641502*
✇ *llyfrau@carreg-gwalch.co.uk*
Lle ar y we: www.carreg-gwalch.co.uk

Diolch
i Eli Wyn

CYNNWYS

Cyflwyniad i'r gyfrol

Pwy feiddiai fod yn Icarws? Rhyw noson o aeaf yn y Fenni, fe berfformiodd Gareth Potter *Marriage of Convenience* – monolog o'm 'sgrifbin i am yr ugeinfed tro (bellach mae wedi ei pherfformio hi'n agos i gant o weithiau). Llond llaw o bobl oedd yno i'w weld y noson honno, ond fel 'hen bro', roedd Gareth yn barod i chwysu gwaed er lles ei gynulleidfa; boed yna un neu gant, roedd ei ymroddiad wastad yn gant a deg y cant a mwy.

Tua chwarter awr i mewn i'r perfformiad, gyda Gareth ar ganol darn dwys a thawel, fe agorwyd drysau'r theatr gan hwyrddyfodiad. Er i'r tresmaswr geisio mynd i'w sedd heb styrbo'r perfformiad, fe daflwyd Gareth oddi ar ei echel ganddo ac fe ga'th e *blank* – hunllef waethaf unrhyw actor.

Wedi ei daflu, ond yn llawn pwyll, fe drodd Gareth at ei gynulleidfa gan ddweud, 'Mae'n ddrwg gen i, ond bydd rhaid i mi gychwyn eto,' a dyna wnaeth e – o'r top. Am hyder. Am ddewrder. Wedi'r ddrama, fe dderbyniodd e gryn gymeradwyaeth, nid yn unig am ei berfformiad, ond tybiaf, am iddo ddangos ei freuder dynol ac yna ei oresgyn wrth iddo ailgychwyn a gorffen y ddrama. Roedd 'na ddwy ddrama y noson honno – y ddrama ei hun, a drama bersonol yr actor; a allai gyflawni'r gamp? Roedd y cyfuniad o'r ddwy yn wefreiddiol, rhyw gyfamod rhwng actor unig ar y llwyfan a'i gynulleidfa; trydanol.

Ychydig flynyddoedd yn ddiweddarach, fues i'n cyfarwyddo Richard Elfyn yn *Pacific* (y fersiwn Saesneg o *Môr Tawel*). Am fod Richard eisoes wedi rhoi cyfieithiad ar y pryd i berfformiad Cymraeg Dyfan Roberts yn Eisteddfod Llanelli, tybiais y byddai pythefnos a hanner o ymarferion yn ddigon i lwyfannu'r fersiwn Saesneg. Mae'n rhaid i mi gyfaddef gwnaeth ystyriaethau ariannol lywio 'mhenderfyniad i gwtogi'r broses ymarfer (afiechyd cynhenid y Theatr Gymraeg!). Fi oedd ar fai. Ddylwn i ddim fod wedi gwneud hynny.

Fe sylweddolais o'r cychwyn fy mod i wedi gwneud

camgymeriad am fod y testun yr un mor ddwys a chymhleth yn y Saesneg ag yw hi yn y Gymraeg. Ffwlbri llwyr oedd disgwyl i unrhyw actor ddysgu'r fath gwlwm o eiriau mewn cyn lleied o amser heb sôn am ei pherfformio hi. Erbyn dechrau'r drydedd wythnos o ymarfer, fe synhwyres i nad oedd modd i Richard gyflawni'r gamp. Roeddwn i o'r farn y dylid gohirio'r perfformiad. Ond roedd Richard yn benderfynol. Felly, mas o barch iddo fe, fe dorais i'r testun er mwyn rhoi mwy o siawns iddo fe ddysgu'r hyn fedre fe erbyn y perfformiad, ac fe drion ni'n gorau.

Er mawr syndod i mi, yn y rhediad olaf cyn y perfformiad yn Theatr y Werin, Aberystwyth, aeth trwy'r ddrama heb anghofio'r un gair. 'Gwd,' medde fi, efallai . . . jyst efallai. Ond, y noson honno, o fewn eiliadau i ddechrau'r perfformiad, nid oedd yn argoeli'n dda. Fe sgwennais i yn *Marriage of Convenience*:

'On a screen of stars, I saw one Saturday afternoon when I was watching wrestling with my gran. A wrestler squeezed a man's neck 'til he fell unconscious in front of millions on live tv; almost a "Snuff movie", if they hadn't brought him round within a minute he would've been brain dead; everyone knew the risk, but no one stopped the fight.'

Teimlad felly oedd gwylio Richard yn marw o'n blaenau ar y llwyfan y noson honno. Fe ddechreuodd aralleirio, aeth ei lygaid yn dryloyw gan fradychu'r panig yn ei ben. Rhyw ddeg munud i mewn i'r perfformiad, fe stopiodd, 'run fath â Gareth Potter yn y Fenni, ond y tro hwn doedd dim ailgychwyn i fod. Yn gyntaf, fe drodd i'r gornel gan alw am brompt. Fe dderbyniodd ei linell . . . distawrwydd. Pan ofynnodd am ail brompt roedd y gynulleidfa ar flaenau eu seddi; embaras, chwilfrydedd, syndod, mwynhad, dioddefaint, cydymdeimlad . . . Ar ôl oes o aros, fe drodd Richard at y gynulleidfa, 'Mae'n wir ddrwg gen i ond alla i ddim cario 'mlaen. Nos da,' ac fe gerddodd oddi ar y llwyfan.

Roedd cymeradwyaeth y gynulleidfa i lwyfan gwag yn boenus i'r glust. 'Diolch i dduw nad fi oedd hwnna!' ymhlyg ym mhob clap. Roeddwn i'n poeni am Richard, y dyn a'r actor; a fyddai'r fath brofiad yn tanseilio'i hyder? Ond, mae'n bleser gen i ddweud, ychydig fisoedd yn ddiweddarach, wedi ail gyfnod o ymarfer, fe gamodd Richard ar lwyfan Theatr y Werin am yr eildro, a llwyddo.

Yn ystod y blynyddoedd diwethaf, dwi wedi bod yn ddigon ffodus i gyfarwyddo chwe monolog; tair o'm heiddo i a thair gan ddramodwyr eraill, ac mae'n rhaid i mi gyfaddef fy mod i'n hoff iawn o gyfarwyddo un actor neu actores. Mae'r berthynas sy'n datblygu rhwng yr actor a'r cyfarwyddwr yn ddwysach o lawer na'r berthynas sydd mewn cynyrchiadau aml-gast. Mae hyn yn adlewyrchu dwysder y berthynas sydd i'w chael rhwng un actor a'i gynulleidfa mewn perfformiad o fonolog; mae'n ddefodol o ddwys.

'Ond ble mae'r ddrama mewn monolog?' medde rhywun wrtha' i rywdro gan esgusodi ei hun o ryw berfformiad. Syr, y fonolog yw hanfod drama. Nid yw'r ddrama'n digwydd rhwng yr actorion ar y llwyfan, mae'r ddrama rhwng yr actor a'r gynulleidfa, ac mae rôl y ddwy garfan yr un mor bwysig â'i gilydd yn y perfformiad am mai cyfamod yw monolog rhwng yr actor (dyn/menyw) a'r gynulleidfa (ei gyffeswr/chyffeswr).

O'r eiliad mae'r gynulleidfa'n eistedd yn eu seddi, mae'r 'offeren' yn dechrau. Bydd gofyn iddyn nhw ymddiried yn yr actor ac i'r actor ymddiried ynddynt hwy yr un fath ag edifarhäwr a thad. Nid oes angen gwneud hyn i'r fath raddau mewn sioe aml-gast am fod sawl ffocws i'r perfformiad. Dim ond un ffocws sydd mewn monolog – does dim dianc. Tybiaf mai dyma pam fod gas gan rai bobl fonologau, am fod gwylio monolog yn gofyn am ymroddiad pur.

'Dwi ddim yn meddwl fy mod i'n cael gwerth fy arian o fonolog,' medde rhywun arall wrtha' i rywdro. Trueni am y sawl sy'n gwybod pris popeth ond gwerth dim! Derbyniaf fod gwylio monologau yn anodd a pheryglus a phan fod actor yn methu, mae'r gynulleidfa'n methu hefyd. Ond yn y troeon pan fod actor yn llwyddo, mae'r gynulleidfa yn hedfan mewn ffordd na fedran nhw wneud mewn sioe aml-gast. Pa bris allwch chi roi ar brofiad o'r fath?

'Dewrder yw'r pris mae bywyd yn mynnu gan bawb,' medde Amelia Earhart y beilotes enwog o'r Amerig. Mae jyst byw a bod yn ddigon o her i'r rhelyw ohonom ni, mae'r ddawn i hedfan yn eiddo i griw bychan dethol yn unig. Cyfarwyddwr a dramodydd ydw i, a'r gynulleidfa ydych chi; llwfrgwn di-adain sy'n ddibynnol ar ddoniau actorion i hedfan drosom ni. Mae'r rhelyw ohonom yn ddigon hapus i adael iddyn nhw ehedeg i'r uchelfannau, ond gwell ganddom ni, y mwyafrif gadw ein traed yn sownd ar y ddaear.

Mae'r gyfrol hon felly yn deyrnged i'r holl ddewrion sy'n ddigon eofn, neu'n ddigon ffôl efallai, i aberthu eu hunain drosom ni'r meidrolion drwy gipo'r gwynt yn eu dyrnau a hedfan. Fe hoffwn enwi yn arbennig yr actorion fues i'n ddigon ffodus i gydweithio â hwy: Sharon Morgan, Dafydd Wyn Roberts, Gareth Potter, Jonathan Nefydd, Dyfan Roberts a Richard Elfyn. Hir oes iddyn nhw! Hir oes i'r monologwyr! Allwn ni ddim ond eu hedmygu o bell wrth iddyn nhw esgyn yn uwch ac yn uwch ar gerynt o eiriau ac adrenalin i lygad yr haul.

Ian Rowlands,
Caerdydd

Rhagymadrodd: 'Siarad â'u Hunain'

Yn niwedd ffilm *Aguirre, der Zorn Gottes*, a wnaed gan Werner Herzog yn 1972, saif y concwerwr Aguirre ar rafft sy'n arnofio'n ddireolaeth i ebargofiant i lawr yr Amazon. O'i gwmpas mae gweddillion ei deulu a'i griw yn dystion mud. O'i flaen mae marwolaeth yn debygol. Yn y ffigwr trasig yma sydd ar ben ei dennyn ac yn closio at ben ei daith, mae delwedd bwerus o'r monologydd – dyn ar ei ben ei hun yn edrych i'r dyfodol ac yn cyfarch ei orffennol mewn sefyllfa statig, gyda'i fydysawd uniongyrchol fel rafft Aguirre ac amser fel yr afon. Mae'r camera'n cylchdroi o gwmpas y rafft i gadarnhau'i unigrwydd. Nid yw'r monologydd ar ei ben ei hun yn llythrennol – mae ganddo gynulleidfa sy'n dystion i'w ing a'i unigrwydd. Gall yr unigolyn ar lwyfan fod yn fwy pwerus nag *ensemble* o berfformwyr y sefyllfa gwrthgyferbyniol hyn, sef ei fod ar ei ben ei hun, ac eto nid ydyw chwaith. Mae'r byd yr ydym yn ei weld yn un mwy preifat na mewn drama sawl perfformiwr am mai dim ond y ni sy'n dystion.

Os nad oes cymeriadau eraill i'w cael yn y dramâu hyn, o le y tardda'r gwrthdaro? Dadleniad gwraidd a natur y gwrthdaro mewnol yw un o'r prif elfennau sy'n hoelio'r sylw, fel mewn dramâu sawl cymeriad. Yn gyferbyniol, mae ein cymeriadau yn brwydro gymaint â nhw'u hunain ag y maent ag eraill. I bob un o'r tri chymeriad yma mae yna sawl ochr, sawl llais, sawl nodwedd yn brwydro am oruchafiaeth. Rydym y tu mewn i bennau'r cymeriadau hyn, yn clustfeinio ar sgyrsiau a dadleuon gyda nhw'u hunain, gan geisio olrhain llwybr synhwyrol drwy'r anrhefn meddyliol.

Nid pwrpas y gyfrol hon yw ceisio cwmpasu'r holl arddulliau a ffurfiau a gydnabyddir yn fonologau, ond mae angen inni ddiffinio'n tir. Mae'r uffern preifat lle triga'r tri chymeriad yma, lle nad oes modd gwahaniaethu'n glir rhwng realiti a dychymyg – dengys unigolion mewn sefyllfa eithafol, ar gyrion marwolaeth a gwallgofrwydd. Bydoedd gorddrychol tu hwnt a geir, ac nid yw eu tystiolaeth yn ddibynadwy. Wrth inni ddod i adnabod y cymeriadau, yn raddol deuwn i sylweddoli eironi eu geiriau sy'n deillio o'u diffyg adnabyddiaeth o'u hunain, neu eu gwrthodiad llwyr o realiti. Gwahanol iawn yw perthynas y gynulleidfa â'r arwres yn *Shirley Valentine*, drama un cymeriad Willy Russell, a gellir priodoli poblogrwydd eithriadol y gwaith hwn yn rhannol i rwyddineb ei harddull. Mae Shirley yn siarad â'r Wal yn y ddrama, ac er gwaetha'r ffraethineb amlwg yn y cysyniad bod y Wal yn gwrando arni'n fwy na'i gŵr, ni'r gynulleidfa y mae hi'n ei chyfarch. Yn ymarferol ar lwyfan, gellir gosod y wal i'r ochr, neu fe ellir edrych yn syth ymlaen, trwy'r 'bedwaredd wal', ond mae ei hymagwedd yr un fath. Tôn sgyrsiol ei siarad sy'n dweud wrthym ein bod yn gymdogion iddi, ac mae hynny'n eglur ar ddechrau'r ddrama – 'Dwi *yn* licio gwydraid o win pan dwi'n cwcio, wchi. Yntydw, wal?' Fe'n gwahoddir i mewn i'w thŷ, ac mae'r croeso'n un cartrefol. Dibynna'r ddrama ar ein huniaethu sydyn â hi, ac yn wahanol i gymeriadau'r monologau yma, mae hi ar y cyfan yn dyst dibynadwy. Pan symuda o'i chynefin, fe gymerir lle y Wal gan y Garreg, am mai ni'r gynulleidfa yw'r Wal a'r Garreg.

Hawdd dweud mai tôn ysgafn a chomig Shirley Valentine sy'n ei neilltuo oddi wrth dramâu'r gyfrol hon, ond mae gwahaniaethau dyfnach hefyd. O ran arddull, mae'r ddrama un cymeriad yn debycach i sioe, lle mae actor yn dawnsio i mewn ac allan o hanesion, gan ailchwarae digwyddiadau a hyd yn oed newid rôl. Mae perfformiadau fel *Oedolion Yn Unig*, gan Dyfed Thomas ar gyfer Theatr Bara Caws, yn rhan o'r un tueddiad cynyddol. Dangos dawn mewn sawl dimensiwn a wna sioe un person, ond actor grymus tu hwnt mewn un modd sydd ei angen ar gyfer monolog dramatig o'r math a geir yma. Hawdd priodoli llwyddiant y testunau hyn fel darnau theatr yn rhannol i allu'r actorion i ymsuddo mewn cymeriad.

Yn *Shirley Valentine* ni ddefnyddir undod lleoliad nac amser – ceir bwlch o dair wythnos rhwng yr olygfa gyntaf a'r ail, a channoedd o filltiroedd rhwng lleoliadau Act Un a Dau. Mae hyn yn nodweddu buddsoddiad mewn stori, yn natblygiad y prif gymeriad at fod yn fenyw annibynnol, gref. Er mwyn inni allu dathlu ei newid er gwell, rhaid inni ei gweld fel yr oedd. Nid oes newid o fath yn digwydd i brif gymeriadau'r monologau sydd yn y casgliad hwn, am nad oes newid yn bosib iddynt. Mae'r diddordeb yn hytrach yn y sefyllfa statig, caeth a welir ar lwyfan. Yn gyferbyniol â'n siwrnai faith law yn llaw â Shirley, fel cynulleidfa'r monologau hyn, mae ein taith ar ffurf cylch. Ar ddechrau'r perfformiad datgelir eu trallod, ac erbyn diwedd ein taith fer fe'n dychwelir at y sefyllfa statig honno gyda dealltwriaeth amgenach o'r amgylchiadau a ddaeth â'r bobl hyn at eu carchardai, ond dydyn nhw heb symud. Fel camera'r ffilm *Aguirre, der Zorn Gottes*, cylchdroi er mwyn gweld sawl ochr i'r cymeriad a wnawn.

Nid cyd-ddigwyddiad yw'r ffaith fod Samuel Beckett yn fonologydd heb ei ail yn ogystal â bod yn awdur sawl drama gylch megis *Wrth Aros Godot*, ond ei feistrolaeth o'r gofod theatrig sy'n ei ddyrchafu'n fardd llwyfan. Un o'r theorïau sy'n esbonio lleoliad amwys Beckett yn ei ddrama *Diweddgan* yw mai ym mhen un person y digwydd y cyfan. Onid yw Clov a Hamm yn ddwy ochr yr un bersonoliaeth, gyda'r llenni a'r ffenestri yn cynrychioli'r aeliau a'r llygaid? Gellir cynnig yr un ddamcaniaeth am Estragon a Vladimir yn *Wrth Aros Godot*, ac yn wir am ddau gymeriad *Wal* gan Aled Jones Williams. Monodrama yw drama sy'n digwydd ym mhen un ymwybyddiaeth, a dyma a geir i raddau helaeth yn y monologau hyn. Mae gan bob un o'n cymeriadau ni yma sawl agwedd ar y persona sy'n eu tynnu'n agos at sgitsoffrenia – pobl sy'n clywed lleisiau neu bobl sydd â mwy nag un cymeriad yn perthyn iddynt.

Mae i bob un o'r dramâu hyn gymeriad sy'n closio at y dibyn, gyda'r gwahanol bersonau yn ymgiprys am oruchafiaeth. Gwelir dramateiddio ar y lleisiau mewnol sy'n ein plagio ym monolog Beckett, *Krapp's Last Tape*. Llwydda'r

Gwyddel i ymgorffori sgyrsiau Krapp ag ef ei hun trwy'r ddyfais o recordiadau o'i lais ei hun ar wahanol gyfnodau. Gellir dadlau ar y llaw arall mai torri'r rheolau a wna Beckett wrth gael llais arall ar y llwyfan. Ond absenoldeb unrhyw actor arall sy'n ei chadw o fewn ein diffiniad o fonolog. Wrth ddiffinio deunydd y gyfrol hon, dylid hefyd crybwyll gwaith arloesol Strindberg. Nid monolog yw *Y Cryfaf*, yn hytrach, drama i ddwy actores, ond un ohonynt yn unig sy'n siarad. Mae'r angen am ddwy actores ar lwyfan, er bod un yn fud, yn eithriad. Gwelir dylanwad *Y Cryfaf* ar fonologau diweddar megis *Welcome To My World* gan Christine Watkins, lle mae'r prif gymeriad yn siarad gyda rhywun penodol sydd yn absennol o'r llwyfan.

Wrth ddelio ag unigrwydd, daw ffurf a thema monolog at ei gilydd. Ar lefel dehongliad arwynebol, gellir dweud mai dim ond pobl sydd â phroblemau seicolegol sy'n siarad â nhw'u hunain. Rydym i gyd yn cynnal deialogau mewnol, ond erys y rhagdybiaeth mai yn fewnol yn unig mae eu lle. Does gan y bobl hyn neb i siarad â nhw, neu'n hytrach, neb i wrando. Mewn gwirionedd, does dim diddordeb gan yr un o'r tri mewn clywed barn eraill, gyda Muriel o bosib yn eithriad achlysurol. Mae Sundance wedi'i gloi yn ei fyd preifat ac yn ddigon bodlon yn ei unigrwydd er cymaint ei bathos. Chwilio am gyffesgell a wna David Samwell, sy'n defnyddio Iolo Morganwg ymysg eraill fel offeiriad i wrando ar ei hanes ac o bosib i weinyddu'r *last rites* iddo. Mae Muriel am gyfathrebu'n ystyrlon ag eraill, ond mae'r gorffennol wedi profi iddi mai gwrth-ddweud ei fersiwn bregus o realiti a wnânt.

Un o gampau'r awduron hyn yw eu gallu i lenwi llwyfan. Er nad oes ond un cymeriad ar y llwyfan, mae eu dychymyg a'u cof yn paentio manylion y ffigyrau i greu cast llawn – Iolo, Anna Seward (bardd cyfoes a edmygodd Cook), Elizabeth a Cook ei hun yn achos Samwell; ysbrydion Sylvia, Trystan, Freddie a'i mam sy'n obsesiwn gan Muriel; mam, Anti Janice, Yncl Jac a gweithwyr *Pepco* sy'n ganolbwynt sylw Sundance. Yn wahanol i sioe un person, rhaid i awdur monolog dramatig, sicrhau fod ein canfyddiad o'r cymeriadau eraill hyn yn cael ei hidlo trwy'r prif gymeriadau. Un her enfawr sy'n wynebu'r dramodwyr yw sicrhau ein bod ni'n medru gwhaniaethu rhwng y gwir a'r gau wrth i'r cymeriadau ymylol gael eu cyflwyno. Tydi'r cyflwyniadau byth yn ddi-duedd. O'u portreadu'n rhy niwtral fe glosia at ddynwarediad sydd eto'n nodwedd o sioe yn hytrach na drama.

Y Balerina yn yr Haul

Byd du a gwyn yw un y cowbois – yn llythrennol yn achos rhai o'r hen ffilmiau y cyfeirir atynt yn y monolog, ond yn ffigurol hefyd. Gwyddom pwy yw'r arwyr, ac nid oes amheuaeth pwy sydd am oroesi, oherwydd yn aml iawn ym myd y gorllewin gwyllt fel y'i mytholegwyd gan sinema Americanaidd, marw a byw yw'r unig werthoedd. Mae'r ffilmiau a grybwyllir yn ffilmiau cowbois traddodiadol, lle mae'r dynion yn ddynion cyflawn a'r merched yn 'decoreshyns'. Mae'n wir y ceir sôn am *The Unforgiven* a ddisgrifiwyd adeg ei rhyddhau yn 1992 fel *'revisionist'*, gyda chost trais yn amlwg a chydag is-destunau ffeministaidd bron. Ond chwareir arwr (hŷn) *The Unforgiven* hyd yn oed gan yr arch-gowboi, Clint Eastwood. Mae prif apêl y dyn di-enw i Sundance yn deillio o'u gwahaniaethau sylfaenol, sef mewn ymwybyddiaeth o *gender*, ac mewn mudandod.

Bardd yw Sundance sy'n ymfalchïo mewn geiriau sy'n fodd iddo greu'i realiti'i hun. Mae'n gyferbyniad llwyr ag arwyr cowbois Clint a Cooper, sy'n dewis gweithredu, a hynny gan amlaf y tu allan i gwmpas y gyfraith. Mae'n arwyddocaol mai un o'r dyfyniadau enwocaf o waith Eastwood a geir yn y ddrama yw geiriau *A Fistful of Dollars: 'Get three coffins ready. My mistake! Four coffins.'* Y neges glir yw y dylid gwrando ar weithredoedd yn unig. Ond mae Sundance yn hollol ddibynnol ar eiriau, ac maen nhw'n gyfrwng mwynhad a chysur yn ogystal â phoen. Ar adegau, mae'r chwarae geiriol yn ymylu ar y diystyr, ond yn fuan ar ôl 'hemrej/hem' daw 'cansan/cansar' i esbonio salwch ei fam, ac ymddengys fod ar y dyn ifanc rhyw fath o ddyslecsia dewisol. Mae ei gymysgedd o *'Carnation'* a *'Cremation'* yn fodd i geisio delio â marwolaeth ei fam, ond nid yw'n llwyddo oherwydd fe fydd ei feddwl chwim yn ei ddychwelyd at ei boen mwyaf. Un o gampau mwyaf yr awdur yma yw gwreiddio'r chwarae geiriol mewn ieuenctid coll, fel yr ymddengys nad mympwy oedolyn clyfar yw'r chwarae diweddarach ond nodwedd o'i salwch. 'Tydw i ddim isio tyfu fyny', dywedodd wrth ei Anti Janice, ac yn union fel Oskar yn nofel Gunter Grass, *Die Blechtrommel,* ymgais i gadw'r byd real, poenus ymaith yw hyn, a dyna hefyd yw arwyddocâd ei hoffter o'r 'wesdyn'.

Ymddengys y prif gymeriad yn blentynnaidd ac yn ferchetaidd, ac mae ei atgof o gael ei alw'n 'fabi mam' yn arwyddocaol. Dilynir hyn gan 'Cer i chwara dy fam, babi mam', sy'n sarhad cyfarwydd, ond un ag iddo is-destun. Fel Oedipws, mae ganddo deimladau rhywiol tuag at ei fam – 'mae pob plentyn isio'i fam' – ac mae cofio ysbïo arni gyda rhyw ddyn yn rhoi gwefr. Ar ôl ei marwolaeth daw Anti Janice i gymryd ei lle, sy'n golygu y bydd Yncl Jac yn gorfod cymryd rôl y tad. Mae'n bosib iawn mai yn y dychymyg y digwydd, ond mae Jac yn cael ei ddallu ganddo am ei fod wedi ceisio cymryd bocs cerdd ei fam: 'Ty'd i nôl o medda fi w'th dynnu Stanley o 'mhocad. A mi welis i'r jeli yn disgyn o'i lygad o.' Mae cysylltu sôn am ddallu ag Oedipws eto'n anorfod, er mai Yncl Jac yn hytrach na'r bachgen a roir yn ei le.

Yn ei hanfod mae *Sundance* yn ddrama ddifrifol dros ben ac mae problemau seicolegol ei phrif gymeriad yr un mor ddifrifol â rhai Muriel a Samwell. Ysgrifennwyd y ddrama ar gyfer Theatr Bara Caws gyda'r bwriad o deithio'n gymunedol, ac yn sicr, mae iddi fwy o hiwmor nag unrhyw un arall o ddramâu Aled Jones Williams, er na chyfaddawdodd o ran ieithwedd o gwbl. Ategwyd at bwyslais doniolwch y sgript wrth gastio Jonathan Nefydd, yn rhannol oherwydd ei gefndir mewn chwarae comedi, ond yn bennaf oherwydd ei arddull berfformio sy'n ymylu ar y manic. Clyfrwch geiriol y prif gymeriad yw gwraidd yr hiwmor, ond mae yma fwriad dychanol gan yr awdur hefyd. Ei darged yw cyfalafiaeth a'i ymgnawdoliad trefol ar ffurf yr archfarchnad, ac er bod yr enw *Pepco* yn gymathiad o *Tesco* a *Pepsi*, haws dychmygu'r ddrama sydd ym mhen y prif gymeriad yn digwydd yn *Kwik Save* ym Mhorthmadog. Ond nid yw'n hollol eglur pa le yr ydym ni'r gynulleidfa.

Mewn dramâu cynharach gan Aled Jones Williams fe ddengys ei ddefnydd o'r ddelwedd theatrig ei fod yn etifedd i Beckett, ac mae dylanwad Gwenlyn Parry i'w olrhain yn ei bwyslais ar y gofod; cymaint felly nes fod teitlau *Wal* a *Tiwlips* yn cyfeirio at y llun llwyfan. Yn wahanol i ofodau metafforig ond manwl y testunau hyn, mae Sundance yn brin o fanylion. Mae presenoldeb bath a ffrog briodas ei fam yn dadlennu mai yn ei ofod personol ef y mae Sundance, ond yn ôl yr hanes fe allasai fod mewn cell am yr helynt yn *Pepco*. Mae'r amwysedd yma'n caniatáu rhywfaint o lacrwydd i'r cyfarwyddydd benderfynu ar y lleoliad, ond yn sicr nid oes pwyslais ar realiti diriaethol y gofod. Yn hyn o beth, mae'r testun yn debycach i *Môr Tawel* nag y mae at fflat ddinesig *Gobeithion Gorffwyll*.

Breuddwydion Brau

Camp fwyaf y perfformiad hwn yw sicrhau cydymdeimlad at unigolyn sy'n fwy cyfrifol am ei thrallod na phawb arall. Diffyg adnabyddiaeth ohoni hi ei hun yw problem fwyaf Muriel, a'i diffyg cysondeb hi yw'r maen tramgwydd mwyaf i eraill wrth ddelio â hi. Hawdd uniaethu gyda'i hunigrwydd ar ddechrau'r ddrama oherwydd amseriad y darn; nos Galan yw hi, does neb yn galw, ac fe ŵyr na fydd neb yn galw 'chwaith. Tanlinellir y potensial am bathos yn nefnydd diweddarach Frank Vickery o'r un lleoliad amser yn ei fonolog caboledig yntau *Sleeping With Mickey*. Ategir at bathos Muriel gan fanylion abswrd: gorchuddiwyd y ffôn mewn gwlân cotwm er mwyn osgoi clywed ei fudandod. Dyma awgrym o'i chyflwr meddyliol brau sy'n cael ei ddadlennu'n fwy yn ei sgyrsiau, lle mynn Muriel siarad yn hytrach na gwrando. Yn theatraidd, mae hyn yn dyngedfennol i rythm di-dor y darn. Mae natur ei chymeriad yn galluogi'r awdur i osgoi'r esgus sgwrs ffôn arferol mewn theatr lle ni chaiff y person ar ben y lein amser i ddweud dim bron ac fe dorrir ar draws y rhith naturiolaidd. Yn gyferbyniol, y norm yma yw diffyg lle siarad i'r person yr ochr arall, a dyma un rheswm pam nad ydynt yn galw.

Ymddengys y ffaith fod Sharon Morgan wedi dewis addasu gwaith Simone de Beauvoir fel datganiad clir ganddi. Ond er bod cymar Jean-Paul Sartre yn eicon ffeministaidd, un o fanteision mwyaf y darn yw ei ddiffyg dogma. Yn wir, mae Muriel yn bortread mor greulon o erchyll nes bron y gellid priodoli nodweddion gwrthffeministaidd iddi. Rhaid gwahaniaethu rhwng absenoldeb llwyr unrhyw deimladau o chwaeroliaeth ym Muriel ar y naill law a gonestrwydd de Beauvoir ar y llall, sy'n ymwrthod ag unrhyw gredo syml a briodola gyfrifoldeb i'r dynion ym mywyd Muriel. Nid oes amheuaeth mai hi sydd ar fai am ei sefyllfa.

Cyhoeddwyd *La Femme Rompue* yn 1967, ac yn 1969 y cafwyd y fersiwn Saesneg gyntaf *(The Woman Destroyed)*. Cafwyd addasiad theatrig Saesneg o'r testun gan Diana Quick yn 1983. Casgliad o dair stori fer yn ymwneud â dirywiad serch yw *La Femme Rompue*, a theitl yr ail stori yw *Monolog*. Hawdd gweld ei photensial theatrig hyd yn oed yn y ffurf lenyddol yma, gan ei bod yn stori fer yn y person cyntaf. Disgwylir i sefyllfa a chymeriad Muriel fod yr un fath, ond mae strwythur y darnau'n debyg iawn hefyd. Yr elfennau gwahaniaethol a ddefnyddiodd Sharon Morgan oedd ei thafodiaith hi ei hun wrth addasu, a'i throsglwyddiad o gyd-destun Muriel. Effaith ei dewis o dafodiaith yn hytrach na defnyddio Cymraeg dosbarth canol clasurol yw gwneud Muriel yn fwy gwerinol, sydd yn ei dro yn symptomatig o'i pharanoia dosbarth a fwydir gan y cyd-destun cymdeithasol. Nid yw hi'n perthyn yn ei fflat crand yng nghanol Caerdydd, a mynegir hyn drwy ei chasineb at ei chymdogion a'u gwerthoedd rhagrithiol. Gan fod de Beauvoir yn lleoli ei gwrth-arwres ym mhresennol ei chyfnod hi, mae'n naturiol i Morgan wneud yr un fath, er nad oes llawer o fanylion ei sgript yn ei glymu i gyfnod penodol. Mae ei chyfeiriad at Aids yn dod â ni at y presennol fwy neu lai, ond yn y theatr fe fyddai'r set eisoes wedi ein hysbysu o'r ffaith. Yr unig nodyn anghyson a drewir efallai, yw'r cyfeiriad at *Ford Capris* sydd heb fod yn amserol ond sy'n cyfeirio at bethau fflashi, cyflym o gyfnod cynharach ym mywyd Muriel sy'n dangos ei bod wedi'i hynysu bellach.

Ychydig iawn o actoresau a fedr atgynhyrchu camp Sharon Morgan. Ei bwriad gyda'r darn oedd i *'really* dychryn yn hunan'*, a dyma'i heffaith ar gynulleidfa. Arwyddocaol oedd maint edmygedd criw o fyfyrwyr cyfrwng Saesneg o Brifysgol Bangor a ganolbwyntiodd ar amrywiaeth deinamig y darn a hygrededd y portread. Casgliad anochel y profiad oedd mai nid darn sy'n ddibynnol ar adrodd stori yw *Gobeithion Gorffwyll*. Mewn sioe fel *Shirley Valentine* rhaid deall yr iaith i ddilyn trywydd yr hanes. Ei theulu a'i hanes hi ei hun oedd ysbrydoliaeth *Ede Hud*, yr ail fonolog a berfformiodd Sharon Morgan, ac ni ellid fod wedi creu darn mwy cyferbyniol. Dathliad barddonol o fenywod annibynnol ei theulu a geir, sy'n hollol groes i Muriel, a oedd, yn ôl yr addasydd, wedi 'aberthu ei hun trwy roi ei bywyd yn llwyr i ddyn'. Mae'n arwyddocaol mai dynion sy'n llenwi byd Muriel, ond maen nhw'n gyfangwbl absennol o *Ede Hud*, sydd o ran ffurf hefyd yn debycach i sioe, gyda'i dynwarediadau o gymeriadau. Er gwaethaf harddwch ei ieithwedd a phositifrwydd ei neges, ni pherthyn y ddrama i ethos y gyfrol hon.

Llygad y storm

Cyn i'r llenni agor, clywir y gwynt a'r glaw. Cyn inni weld David Samwell, mae'n amlwg ein bod yng nghanol storm. Ond dywed cyfarwyddiadau llwyfan yr awdur: 'Mae David Samwell yn hwylio storm ei freuddwydion mewn *lit bateau*'. Mae'r amwysedd·yma'n fwy o broblem ar lwyfan nag y mae ar y dudalen, gan ei fod yn gofyn dewisiadau anodd iawn gan y cyfarwyddydd. Ai mewn cwch go iawn y mae Samwell?

Dyma'n wir a welwyd pan agorodd llenni'r noson agoriadol yn Eisteddfod Llanelli 2000. Ond os gwelwn y cwch rhaid inni hefyd ddehongli'r storm fel un real, ond nid felly y mae. Ychydig funudau wedi'r dechrau mae Samwell yn yfed gwydriad o'r cyffur *laudanum*, a thawela'r storm, gan ddatgan yn blaen mai yn ei ben y mae'r tywydd garw. Yn sicr mae cysylltiad y cychod â'r hanes a adroddir, ynghyd â phosibiliadau'r storm, yn ategu at ddramateiddio'r testun, ond metaffor yn hytrach na realiti diriaethol yw'r lleoliad. Yn Fetter Lane yn Llundain y mae Samwell, yn drwm dan ddylanwad *laudanum*, a dyma lle y bu farw. Ei sgrech olaf yw'r ddrama, ei ddatganiad olaf o fod wedi byw. Fe welodd ddigwyddiadau hanesyddol, ond fel ei gynulleidfa, tyst yn unig ydoedd, ac fel Sundance a Muriel, ychydig iawn bydd yn ei adael ar ei ôl.

Fel monolog cynharach o waith Ian Rowlands, *Marriage of Convenience*, drama yn ymwneud â hunaniaeth yn bennaf yw *Môr Tawel* hefyd. Ond ar ochr arall y geiniog i Alex yn *Marriage of Convenience* mae Samwell; Cymro Cymraeg ydyw sydd wedi colli'i Gymreictod – '*I blame the sea. It has bleached the Welsh out of me.*' Fel dysgwr, saif Alex ar y rhiniog ar ei ffordd i mewn, tra bod Samwell wedi hen adael. Wrth i Alex gynrychioli cenhedlaeth newydd o Gymry, sy'n siarad Cymraeg fel ail iaith, mae Samwell yn gynnyrch ei gyfnod yn Gymro sy'n ymddwyn fel Prydeiniwr: 'Duw gadwo'r Brenin, Cymru am byth, yn y drefn yna Iolo'. Mae ei gysylltiad â Iolo Morganwg yn eironig am fod Samwell wedi methu gosod ei stamp ei hun ar ddim. Cofnodydd yn unig yw Samwell sydd yn symbol o genedl oddefol. Er nad ar lefel ymwybodol, mae Samwell yn uniaethu ei hun (a Chymru) gyda thrigolion Môr y De, ond y mae'r *'noble savage'* yno heb golli'i hunaniaeth yn llwyr – heb ei wareiddio, a dyma pam y ceir ymateb cyntefig o dreisgar wrth amddiffyn eu heiddo yn erbyn Cook.

Mae gan Samwell fwy o urddas na Muriel a Sundance, a hynny am ei fod wedi canfod o'r diwedd rhywfaint o hunanymwybyddiaeth. Sylweddola'n llwyr arwyddocâd y gweithredoedd yr oedd ef yn rhan ohonynt, ac nid yw'n ceisio achub ei gam. Gellir priodoli parodrwydd Samwell i waredu'i hun o'r rhithiau sydd wedi ei gynnal a chyfaddef ei gamgymeriadau at un o ddau achos. Ai am ei fod ar fin marw y mae Samwell yn cyfaddef y cwbl wrth Iolo, yntau'r *laudanum* sy'n gyfrifol? Wrth gyfarwyddo, rhaid wrth gydbwysedd. Fel enaid coll, mae Samwell angen y cyffur i lacio genau'i gydwybod, ond rhaid i'r edifeirwch yn wyneb marwolaeth fod yn real hefyd. Perspectif modern yn hytrach na chyfoes sydd gan Samwell ar ei hanes, a chreadigaeth yr awdur yw ei gydwybod. Yn wreiddiol, roedd Ian Rowlands wedi ystyried symud yn ôl ac ymlaen mewn amser i greu perspectif amlochrog ar brofiad Samwell. Mae'n debygol iawn na fyddai'r Samwell hanesyddol wedi gweld rhagrith yn ei weithredoedd 'Cristnogol' dros y dŵr, nac wedi gweld gwrthdaro rhwng ei werthoedd Cymreig a Phrydeinig.

Ategir at urddas Samwell gan absenoldeb tröedigaeth gwely angau. Er y gŵyr ei fod ar fin marw, mae'n ymwrthod â'r posibilrwydd o achubiaeth, ac mae'n datgan yn glir dro ar ôl tro 'Does dim Duw!' Yr hyn a wna yma wrth gwrs yw cynnig tröedigaeth cymeriad, gan esgyn i'r arwrol trwy ei ddewrder munud olaf. Dyma ddyn a fu'n neb, ac a welodd yn glir ei ddiffyg sylwedd ei hun wrth fod yn agos at ddynion mawrion. Mae'r testun yn ein paratoi ni ar gyfer y dröedigaeth yma gyda'i amwysedd tuag at grefydd. Mae Samwell yn galw Cook yn Dduw ar sawl achlysur ac mae Iolo Morganwg yn ysbrydoliaeth seciwlar arall. Ond mae Samwell wedi'i fagu mewn traddodiad Cristnogol, a brithir ei iaith gan ymadroddion Beiblaidd. Mae perfformiad Dyfan Roberts yn atgyfnerthu'r pwyslais anghydffurfiol, gyda Samwell yn mynd i hwyl bron wrth frwydro'i storm, a dwyn i gof monolog cynt yr actor sef Val. Ieithwedd hynafol a Beiblaidd *Môr Tawel* yw'r maen tramgwydd fwyaf i gynulleidfa ei deall ar y cyfarfyddiad cyntaf, ond mae'n ddrama sy'n gweithredu ar sawl lefel ar yr un pryd.

Nic Ros

SUNDANCE
gan Aled Jones Williams

Perfformiwyd *Sundance* am y tro cyntaf yng Nghanolfan Porthmadog ar 15 Medi, 1999:

Sundance: Jonathan Nefydd

Cyfarwyddwr: Ian Rowlands
Cynllunydd: Berwyn Morris Jones
Gwisgoedd: Sina Haf Hudson
Goleuo: Emyr Morris Jones
Rheolydd llwyfan: Mandy Parry
Is-reolwr llwyfan: Iwan W. Evans
Ar ran Bara Caws: Linda Brown

Cyflwyno *Sundance*

Pnawn braf o Fawrth o'dd hi, gwanwyn '99, pan gês i alwad ffôn oddi wrth Ian Rowlands, Cyfarwyddwr Cwmni Bara Caws, yn holi am fy symudiadau yn ystod yr hydref, ac a faswn â diddordeb i wneud sioe un dyn i Bara Caws. O'n i ar y pryd o dan gytundeb gydag Opus ac yn ffilmio'r gyfres *Palmant Aur*, ond dyma gytuno y baswn yn darllen y sgript a gwneud ymholiadau hefo Opus.

'Sioe un dyn'; roedd y geiriau'n swnio fel hunllef. Erbyn hyn 'ma gin i dipyn o brofiad theatr, dramâu clasurol, comedi ysgrifennu newydd, theatr mewn addysg a phobl ifanc, ond hyn oll gyda chast o actorion eraill. Dwi'n mwynhau hyn, y cyd-chwarae, y cwmni, y cymdeithasu, ond roedd y posibilrwydd o fod ar fy mhen fy hun yn siarad yn ddi-stop am dros awr yn swnio fel arswyd i mi ac unrhyw gynulleidfa.

Y diwrnod canlynol, cyrhaeddodd y sgript *Sundance* gan Aled Jones Williams. Wyddwn i fawr am Aled ond ei fod yn awdur newydd, cyffrous a oedd yn herio'r syniad o ddrama gonfensiynol gyda gwaith ysgytwol a gwreiddiol, a hefyd ei fod yn ficer. Gês i mo'n siomi; erbyn cyrraedd canol tudalen 3, o'n i'n sicir fy mod i am wneud hwn – byddai'n sialens unigryw ond hefyd yn fêl ar dafod unrhyw actor.

Gyda lwc a diolch arbennig i Eryl Phillips, gwelwyd y ffordd yn glir imi dderbyn y sialens. Canolbwynt y ddrama a'r cymeriad yw *Sundance*, unigolyn sy'n ceisio gwneud synnwyr o'r byd ac yn dehongli ei berthynas â'r byd mawr o'i gwmpas. O'r cychwyn cynta' mae'n amlwg nad yw *Sundance* yr un fath â phawb arall, ac mae'r ffin dena' iawn rhwng y lleddf a'r llon yn agos at lefel o sgitsoffrenia. Ei unig ddihangfa ydi byd y *westerns*, a ffilmiau cowbois Americanaidd, mae'n defnyddio hwn fel modd i osgoi realiti a phroblemau bywyd.

Cyn inni ddechra ymarfer dyna'i gyd nes i oedd darllen ac ailddarllen y ddrama drosodd a throsodd. Mae'r deialog ar yr olwg gyntaf yn edrych fel un chwa hir, ddi-stop, ond wrth edrych arno'n fanwl roedd yn syndod imi pa mor rhwydd a llyfn rhedai'r geiriau, yn neidio o dristwch anobeithiol i'r digri ac wedyn i rannau bendigedig o farddonol:

'Sbïa! Sbâr eira yn hongian ar ochr
yr wyddfa fel paent yn
plicio . . . O'dda chdi'n licio
hynna? . . . fel paent yn plicio
Geiria sy'n 'nal i
hefo'i gilydd 'sti . . . fel seffti pins . . .
Am 'y 'mod i'n
medru deud pethe dwi'n
gwbod 'mod i yna . . . '

ac oherwydd y rhythm arbennig yma, roedd yn syndod a sioc pa mor hawdd ydoedd i ddysgu'r gwaith, ond wrth gwrs dyma farc sgwennwr da.

Rydw i wedi gweithio droeon gydag Ian, ond bob tro ar ei waith ei hun, *Love in Plastic, Gogoniant Solomon, Blue Heron in the Womb*. Fel mae'r teitlau yn awgrymu, neu i unrhyw un sydd wedi gweld ei waith i Theatr y Byd, mae cynyrchiadau Ian yn unigryw, yn wefreiddiol ac yn theatr pur, ac mewn ffordd od yn debyg yn eu ffurf i ddramâu Aled.

Roedd y cyfnod ymarfer yn un braf iawn, er weithiau ychydig yn od – dim ond y ddau ohonom am yr wythnosau cynta', mewn ystafell yn Chapter, y tro cynta', a'r tro ola debyg, i Bara Caws ymarfer yng Nghaerdydd. Y profiad cynta' oedd y *readthrough* sydd yn aml yn brofiad brawychus ynddo'i hun, er bod rhywun fel arfer gyda chwmni o actorion sydd i gyd yn yr un cwch – ond ddim y tro yma, dim ond y fi, y cyfarwyddwr a'r awdur! Roedd cyfarfod Aled yn bleser llwyr; yn ddyn diymhongar, braf, o'n i'n methu helpu meddwl sut y gall y dyn hwn ysgrifennu stwff sydd ar brydiau mor hyll ac annifyr. Ychydig wythnosau ar ôl gorffen y daith ges i anrheg arbennig oddi wrth Aled – ei lyfr nodiadau gwreiddiol i ddrama *Sundance*, rhywbeth o'ni'n hynod ddiolchgar o'i gael. Wrth ei ddarllen ma' rhywun yn cael cipolwg ar y ffordd y mae'n adeiladu ei ddeialog pŵerus:

' . . . Pepco . . . The family friendly store . . .
Cut Price!
Price Cuts!
Prime Cuts!
5% off!
10% off!
20% off!
every fucking thing's off!
Free gift!
Sbeshyl *offer!*
Sbeshyl *offer!*
Get off her!
Off her!
Get off her cowboi!'

Wedi tair wythnos, dyma gyrraedd Bara Caws yng Nghaernarfon, ac yn sydyn dyma bopeth yn dechrau dod i'w le – set hynod syml ond effeithiol wedi ei adeiladu allan o fetal, y goleuo, sain, cerddoriaeth, props a gwisg. O'r foment yma 'mlaen, yng nghwmni Berwyn, Ems, Mandi ac Iwan, doeddwn i wir ddim yn teimlo mai sioe un dyn oedd *Sundance* bellach. Wrth i'r noson agoriadol nesáu roedd y teimladau o ofn a nerfusrwydd mewn ffordd ryfedd yn pellhau, a rhyw gyffro sadistig yn cymryd drosof. Wedi dweud hynny, ar y noson gynta' yng Nghanolfan Porthmadog, o'n i'n teimlo'n sâl fel ci, ond gan ein bod fel tîm wedi ymarfer y sioe mor drwyadl a gofalus, roedd pawb yn weddol lonydd ei feddwl ac roedd awyrgylch reit bositif yno. Daeth Ian i 'ngweld rhyw awr cyn y sioe gyda nodiadau munud ola, ond y nodyn pwysica oedd i fwynhau, a thrwy fwynhau y daw rhywun i ymlacio, dywedodd hefyd y bydd y profiad o godi ar ddiwedd y ddrama i dderbyn cymeradwyaeth y gynulleidfa yn brofiad bythgofiadwy ac yn *ego trip* unigryw – roedd yn llygad ei le.

Aeth y noson gyntaf yn arbennig o dda, yr ail yn anhygoel. Roedd rhywun ar brydiau wirioneddol yn teimlo'i hun yn hedfan – mae'n deimlad arbennig – popeth, mwy neu lai, yn taro deuddeg, ac ar achlysuron fel hyn, ma' pob dim yn teimlo'n ffresh ac egnïol; mae hyn yn arbennig yn deimlad braf pan fydd yn digwydd yng nghanol taith hir.

Roedd hi'n daith sylweddol, chwe wythnos i gyd – taith genedlaethol gyntaf o waith Aled, ac fe'i gorffennwyd yng Ngŵyl Genedlaethol Theatr yr Iaith Wyddeleg yn Galway. Doeddwn i erioed wedi bod yn Galway o'r blaen – mae'n ddinas hudolus sy'n llawn bywyd ac egni ifanc diddiwedd, mannau di-ri i fwyta, yfed a chymdeithasu. Roeddem yn perfformio yn y Theatr Genedlaethol Wyddelig, hen adeilad llawn cymeriad a hanes. Cafwyd ymateb anhygoel i waith Aled; roedd y gynulleidfa wirioneddol wedi ei phlesio, ac yn synnu sut y gall drama Gymraeg ei hiaith fod mor ddewr a modern ei chynnwys ac yn berthnasol, er ar brydiau'n anghyfforddus.

Mi fydd fy mhrofiad o gael gweithio ar *Sundance* yn aros yn y cof am yn hir, yn anffodus ma' dramâu fel hyn yn ymddangos yn llawer rhy anaml. Ma' Aled yn amlwg yn ddramodydd o bwys, sydd yn adnabod a deall ei gyfrwng i'r dim, a thrwy hyn wedi creu gweithiau hynod theatrig a chyffrous.

Jonathan Nefydd

Sundance

gan Aled Jones Williams

(Ar y llwyfan mae 'na gadair, bath a ffrog briodas. Gwelwn ddechrau High Plains Drifter *ar y teledu.)*

Sundance:

Tun o sŵp! . . . Tun o sŵp! . . . Ffwcin tun o sŵp! . . . Tun o ffwcin sŵp! . . . Tun o domato sŵp o'n i 'i isio! . . . Tun bach! . . . *Heinz!* . . . Ma' 'na well blas ar *Heinz!* . . . Dwi'n medru deud y gwahaniaeth rhwng *Heinz* a *Cambells*, rhwng *Heinz* a *Batchelors*, rhwng *Heinz* a *Knorr*, rhwng *Heinz* a *Cup-a-Soup* . . . Ma' *Heinz* yn gochach! . . . Mae o'n goch fel tomato . . . Ond 'do'dd gynny' nhw 'im un . . . 'Sgynno chi un bach,' me' fi . . . 'Llai na hwn a dangos yr un mawr iddi hi . . . I'r bitsh 'na ar y til yn *Pepco* . . .

'Fydda i efo chi rŵan, del.'

'Ond mond isio gwbod sgynno chi un llai ydw-i . . . '

''Mond gorffan syrfio'r ledi yma . . . '

'Ia, ond sgynno chi un llai . . . '

'Pawb yn ei dro,' medda'r beth dew o 'mlaen i . . . '

'Ond 'mond isio gwbod os o's gynno chi un llai ydw-i . . . '

A mi welwn i'r hogan til – 'Lorna' o'dd 'i henw hi . . . dyna o'dd 'i badj hi'n 'i ddeud . . . a ma' pob dim yn ca'l 'i lablo yn y sŵpyrmarcet . . . Sŵ . . . pyrmarcet

(Dal yr 'w' am hir)

. . . mi welwn i hi'n g'neud siâp ceg ar y beth dew: 'Hwn eto' . . . a'r beth dew yn dobio blaen ei bys ar ei harlais . . . A mi o'n i'n gafa'l yn dynn dynn yn Stanley . . . Ond nid tro 'ma medda fi wrtha' fi'n hun . . . Nid tro 'ma . . . Rho'r tun i fyny dy din, Lorna, medda fi . . . Ac ewch chitha i chwilio amdano fo, medda fi w'th y beth dew.

(Sŵn chwipio)

Ocê! . . . Ocê! . . . Dwi'n dŵad rŵan! . . . *'Careful son, I'm a man of god. Well, you damn well nearly joined him'* . . . Dwi'n dŵad reit . . . Gofyn am dy dendars bob munud . . . Bob munud . . . bob ffwcin munud . . . isio rwbath bob munud. *'Don't piss down my back and say it's rainin'* . . . *'* Rho'r gora i 'nhrymentio fi bob munud . . . Isio hyn. Isio'r llall . . . *Now or never* . . . Ffycin *never* . . . cont! . . . Dwi'n dŵad rŵan . . .

(Mae o'n mynd at y gadair sydd wedi ei gorchuddio â tharpwlin)

'Give me that rifle! I'll give you what's in it!'

(Dadorchuddio'r Gadair)

Dau funud fuo fi . . . Dau ffwcin funud . . . Mi o'n i 'di gada'l y telifishon ymlaen i chdi . . . lle bo' gin ti ofn . . . A 'ma chdi'n gweiddi'n fan hyn . . . Fel rhyw fabi'n strancio . . . tydi rhywun yn tendio fel hyn arna' chdi'n dragwyddol . . . Dy folicodlio di . . .

(Mae o'n gwthio'r gadair â'i holl egni. Mae'r gadair yn anodd i'w gwthio. Mae'n ei gosod yn weddol agos i'r bath ond nid yn rhy agos. Wedi ymlâdd)

'Na chdi! . . . 'Na fo! . . . Ti'n gyfforddus yn fan'na rŵan . . .

(Gan sbïo ar y gadair)

Wel? . . . Dyro di dy dintws i lawr yn fan'na rŵan . . . 'Na chdi uffar o air gwirion . . . 'Tintws' . . . *Park yar arse* . . .

(Mae o'n gwrando. Mae o'n clywad rhywbeth. Rhuthro i nôl y stethoscope)

Byddwch ddistaw!
   Rhowch gora iddi hi!
   Moch!
   Moch!
   Makin' love . . .
   Moch!

(Yn dawel)

Docdor! Docdor! *I protect my sanity with my madness* . . .

(Chwerthin rhywfaint)

A be' sa' ti'n licio'i watjad heddiw? . . . Y? . . . *The Wild Bunch?*
. . . *Unforgiven* . . .

(Dechrau gwthio'r gadair o flaen y set deledu)

Ta'r hen ffefryn? *High Noon?* . . . Ti'm yn licio Wesdyns yn nag
w't? . . . Dwi'n gwbod yn iawn amdana' chdi . . . Snob w't ti'n
de . . . 'Wesdyns! Ych a fi!' . . . well gin ti Bunuel a Goddard a
Fassbinder ag Endaf Emlyn . . . Ffwcin snob . . . sbïa ar ddim byd
ta!

(Gwthio'r gadair yn ôl i'w safle blaenorol)

Yn ôl dy hen arfar . . . Sbïa ar ddim byd yn ôl dy hen, hen arfar
. . .

(Nôl pot pi-pi o'r bath a'i osod wrth ymyl y gadair)

Os wyt ti isio pishiad yn fan'na cofia di. 'Im hyd bob man . . .

*(Mae o'n rhuthro at y ffrog briodas. Byseddu'r defnydd. Ei rwbio yn
erbyn ei foch. Yn dyner:)*

32

Goglais!

(Pendroni)

'Elsa, who you talking to in there? To myself.'

(Pendroni)

Ti'sho panad? *'Do you imbibe, reverend? Only after nine in the morning.'* Dwi wrth fy modd efo'r *shopping experience* 'sdi . . . Pepco . . . *The Family Friendly Store* . . .
Cut price!
Price cuts!
Prime cuts!
5% off!
10% off!
20% off!
Every fucking thing's off!
Buy two get one free.
Free gift!
Sbeshyl *price!*
Sbeshyl *offer!*
Get off her!
Off her!
Get off o'her, cowboy!
Cheese of the week:
Mild cheddar with walnut and mouse shit.
Bacon of the week:
Middle cut, middle aged, rindless and tasteless.
Wine of the week:
Cote d'*Wanker*
No frills
No frills bin liners
No thrills tampons
Thank you for shopping at Pepco

Diolch yn fawr
Arglwydd! Cymraeg 'achan . . .
Your checkout operator today was:
Anita
Elaine
Pam
Billy
Heather
Fflur
Fflur?
Have you got a points card, sir?
Have you got a points card, sir?
Have you got a points card, sir?

(Mae'n meddwl)

No!
   Would you like a points card, sir?
   Would you like a points card, sir?
   Would you like a points card, sir?

(Mae'n meddwl)

No!
   Thank you for shopping at Pepco.
   Pepco
   Pepco
   Pepco
   Pepcoooo
   Sbïa

(Mae'n pwyntio at allan)

ma'r awyr fel cwpan wen, tjeina . . . Ma' hi'n aea' o hyd . . . tydy?
. . . Y gaea' fel tu mewn i gwpan wen, tjeina . . . yn wyn . . . ac

yn wag . . . a chysgod llwyd ar y gwynder . . . gwyn a llwyd . . .
gaea' . . . a sgriffiada'r briga' yn ddu ar y gwynder fel sgwennu
traed brain . . . y gwrychoedd fel blew ar ên hen ddyn . . . a'r
gweddill ohono fo'n 'i garpia . . . SBÏA!

(Edrych arno'i hun yn y drych)

Gaea' . . . A mymryn o haul fel tamad o felynwy ar ochr ceg yr
hen ddyn ar ôl iddo fo orffan 'i frecwast . . .

(Mae o'n rhwbio ymyl ei geg)

. . . Ti isio panad medda fi w'tha chdi . . .

(Sŵn chwipio)

Mi o'n i'n ca'l 'n atacio . . . 'N atacio gin focsys Celogs . . .
Bytalion o'r ffycin petha'n cau amdanaf . . . Bisgets fel mortars
yn dŵad i 'nghyfeiriad i . . . *Barrage* o dunia' . . . A mi o'n i'n
methu ca'l 'y ngwynt . . . A gynna' mawrion citjin rôls yn
powndian yn 'y nghlustia' fi . . . *Get those fucking Weetabix away
from me! . . . Get them away from me!* . . . Ond mi fedris i gyrradd
y shilffodd te . . . 'Do'dd 'na neb yn fan'no ond *Earl Grey* a
Lapsang Souchong . . . A mi o'dd 'na ryw heddwch fel 'tai o'n
dŵad o'r paceidia . . . *Lapsang Souchong*, medda fi drosodd a
throsodd . . . Lapsang . . . Sou . . . Chong . . . Lap . . . Sang . . . Sou
. . . Chong . . . A mi o'dd y swpyrmarcet yn dawal, dawal . . .
sshd! . . . Lap . . . Sang . . . Sou . . . Chong . . . Sshd! . . .

*He's over 'ere . . . the brain dead basdard's over ere . . . you're
fuckin' scarin' the fuckin' childun . . . you brain-dead cunt. Yo'
disturbin' the other shoppers . . . this is a fuckin' family friendly store*
. . . Y cont. Panad?

(Mae'n chwerthin. Tynnu pacad o de o'i boced)

Lapsang Souchong?

(Yn synfyfyrgar)

Mae hi'n nosi . . . Dydy hi? . . . Yndy hi? . . . Ti'n cofio fel fyddwn
i'n mynd efo mam i dŷ Dora a John Gruffydd . . . yr ha'n eirias
y tu allan a thŷ Dora a John Gruffydd yn dwllwch fel blot mawr
o inc ar gopi-bwc . . . Y cyrtans felfat trwm wedi'u tynnu . . .
'Mond rhacsys o ola' yn batjshis hyd walia'r 'stafall . . . Llunia o
hen geirw a gwarthag yn y niwl yn Sgotland . . . mewn fframia
duon . . . ar y wal . . . y cloc yn tipian . . . tipian . . . 'Ia wir ichi .
. . ' fydda Dora'n 'i ddeud . . . A'r distawrwydd yn mynd yn
drymach, drymach fel *top coats* dynion mewn cnebrwng . . . 'Ia
wir ichi . . . ' medda John Gruffydd 'rhawg . . . 'U 'chydig eiria
nhw'n hongian yn y distawrwydd . . . Jyst *about* . . . A'r ha yn
eirias y tu allan . . . Mam! . . . Mam! . . . 'Sdi be? Tasa rhywun yn
sbecian i mewn i fan hyn rŵan 'sa nhw'n deud: 'Sbïwch ar
hwnna'n siarad hefo cadar wag!' 'D'o's 'na ffyliad yn y byd
dwa?' . . . Siarad hefo ffwcin cadar wag! . . . 'Da' ni'n fwy gonast
hefo'n gilydd rŵan tydan ni! . . . Chdi a fi . . . *cut the crap!* Dyna
fel ma' hi rhyngtho' ni rŵan . . . *cut the crap!* . . . 'Da ni mor agos
â thwll tin a pheils . . . *Why don't you answer me you damn yellow
livered trash . . . you boys are playing a losing game . . .* Ty'd i ni ga'l
gorffan 'n gêm draffds . . . Ia? . . .

*(Coda gêm ddraffds o'r bath yn hynod o ofalus. Dim ond dau ddarn
sydd ar y bwrdd; un gwyn ac un du, ar hytraws i'w gilydd)*

Tyrn pw' o'dd hi? . . . Dy un di? . . . Ta 'n un i? . . . Ti'n cofio?
. . . Diawl, 'mond ddoe o'dd hi e's pan fuon ni'n chwara'
ddwytha . . . Wel deud! Tyrn pwy ydy hi? . . . Os ma' dy dyrn di,
chdi sy'n ennill . . . O's ma'n nhyrn i, fi sy'n ennill . . . tyrn
pwy? . . .

(Mae'n sbïo am hir ar y gadair a'r gêm)

Bygro'r gêm 'ma am heddiw! . . . Hwrach y cofi di fory . . .

(Gwrando)

Crossword? Isio gorffan y *crossword* w't ti? . . . Ia? . . .

(Mae'n mynd â'r gêm yn ôl i'r bath. Dychwelyd efo The Independent*)*

Chdi! *Four down.* Y clŵ ydy: *'Jack and . . . '* Pedair llythyran . . .

(Saib)

. . . Y? . . . Tria hwn ta: *Four across: 'Who went with Jill up the hill . . .'* Pedair llythyran . . .

(Sbïo)

. . . Ti'm yn un da iawn efo *crosswords* yn nag w't . . . Fory! . . . Dria ni fory eto . . . Racia di dy frêns 'wan erbyn fory . . .

(Mae'n mynd â'r papur yn ôl i'r bath. Dychwelyd. Stopio'n sydyn. Sbïo am ullun)

Sbïa! Sbâr eira yn hongian ar ochr yr Wyddfa fel paent yn plicio . . . Ti'n 'y nghlywad i? . . . O'dda chdi'n licio hynna? . . . Sbâr eira!

(Saib)

. . . Geiria' sy'n 'nal i hefo'i gilydd . . . Fel sêffdi pins . . .

(Mewn gorfoledd)

Naci! Fel lasdig bands . . . Am 'y 'mod i'n medru deud petha
dwi'n gwbod 'mod i yna . . .

(Yn llawn chwilfrydedd)

Sud beth ydi bod yn chdi ta? Ydio 'run fath â bod yn gychwyn
afon? . . . Ar y dechra' twllwch . . . twllwch sy'n mygu . . . A
phwysa creigia yn y mygu du yn bell, bell o dan y ddaear . . . Ac
yn sydyn . . . yn fan'no . . . y mymryn lleia lleia o leithdar yn
digwydd . . . jyst digwydd . . . smotyn o wlybania'th rhwng y
twllwch a'r pwysa' . . . A ma'r lleithdar fel 'tai o'n dechra'
anadlu . . . chwyddo o'i du mewn am allan . . . rhyw gryndod
bychan o'i grombil bach o . . . Ac yna ryw symudiad gloyw tu
mewn i fol y düwch . . . A'r lleithdar gloyw llawn anadl yn prifio
ac yn pefrio . . . Mae o'n mela ochor craig yn y düwch ac yn
medru tynnu'r pridd oddi amdano . . . dadwisgo'r düwch . . .
nes rhoi genedigaeth iddo fo'i hun yn ffrwd o ddŵr . . . fel ysfa
yn byrlymu i'r wynab . . . yn llifo fel siarad . . . peth fela ydy bod
yn chdi? Fel cychwyn afon? . . . Peth fela ydy bod yr Hollalluog?
Ia? Yn chdi?

*(Anadlu'n drwm. Mae o'n cerdded tuag at y ffrog briodas. Sŵn
chwipio. Wrth fynd)*

'You want yourself a woman. One came here from Alberquerque. Her
name's Bertha.'

(Mae o'n rhoi ei ddwylo ar hyd y ffrog briodas)

'Ass on her like a forty dollar cow and a tit I'd like to see that thing full
of tequilla.'

(Sŵn chwipio)

'Ya' twjd me tit ya' letj.' Nesh i ddim . . . Nesh i ddim! . . . Twtshad 'ch badj chi nes i . . . 'R'un enw â mam . . . Margaret . . . *'Ya' twjd me tit ya' letj.'* Naddo! . . . Nesh i ddim! . . . Margaret o'dd enw mam . . . 'I badj hi nesh i afa'l yno fo . . . 'I badj hi . . . Mi o'dd 'r enw Margaret arno fo . . . enw mam . . . *'My client insists that he went for the badge, your worships, since the badge had on it the name of his mother and any other contact was unintentional.'* . . . *They didn't believe you did they! . . . A girl on her Saturday job! You should 'ave stuck to sheep like the rest of the fuckin' Welsh . . . Lights out in five minutes! . . . Keys! . . .*

(Mae o'n rhoi ei ddwylo a'i freichiau rownd ei ben yn ffyrnig. Ymlacio)

A mi o'dd mam yn sâl yn 'i gwely . . . ac yn cysgu . . . A nesh i roid 'y mys o dan 'i gen hi . . . A symud 'y mys nôl a blaen yn ara', ara', bach . . . 'Ngoglais i w't ti, medda mam a'i ll'gada hi'n dal ynghau . . . Goglais! . . . nes i gadw'r gair yna . . . Fel tasa fo'n rhwbath sanctaidd . . . nes i 'i guddiad o yn 'y ngho' . . . A'i ddwyn o i'r fei bob yn hyn a hyn . . . A'i ddeud o . . . 'I siarad o . . . 'I lefaru fo i'r dim byd mawr . . . Goglais! . . . Ac yn y gair mae mam . . .

(Pendroni)

Mae'r nos yn dŵad. Sbïa! . . . Yndy-hi? . . . Fel hen gath ddu yn neidio'n sydyn ar lintal ffenast . . . Chdi greodd y nos, ia? . . . Sud 'nes di hynny? . . . Rhoi dy law yn erbyn yr haul a diffodd y gola ia? . . . A dyma chdi'n meddwl am enw am y peth . . . 'Nos,' medda chdi w'tha chdi dy hun . . . 'Nos . . . A dyma chdi'n dychryn efo'r ffasiwn dwllwch . . . A dyma 'na air newydd yn llithro o dy wefusa' di . . . 'Marwolaeth' . . . medda chdi.

(Sŵn chwipio)

Y nos fel llian bwr' yn cuddiad bob dim, y sêr yn friwsion . . . Y lleuad fel staen mỳg o de . . . O'n i'n cuddiad o dan y bwr' tu ôl i'r lliain . . . cuddiad yn y düwch . . . 'mond clŵad lleisia' . . .

'Ydy o'n gwbod?'
    'Nac 'dy.'
    'Faint 'sgynni hi?'
    ''Rochr yma i'r Dolig,' medda'r docdor.
    'Lle mae o iddi hi . . . '
    'Bobman bellach.'
    'Be 'newch chi efo fo.'
    'Mi fydd rhaid i ni gymryd o.'
    'Ond be am Jac? Gas gin Jac blant.'
    'Ond be gythral 'na i hefo hogyn 'n chwaer 'n hun . . . '
Got a prayer, soldier blue . . . a nice poem . . . say something pretty . . .

(Saib)

. . . *Close the door marshall* . . . Pidiwch â marw, mam! Marwch ta'r bitsh!

(Yn llafarganu)

Babi Mam!
    Babi Mam!
    Cer i chwara dy fam, babi mam!

(Yn wyllt)

Pwy 'ydodd hynny rŵan!
    Fi!
    Pwy?
    Fi!
    Pwy ydy fi?
    Fi!

(Sgrechian yn gras)

Fi!

(Rhuthro i'r bath i nôl 'fi', sef hosan a gwyneb wedi ei wnïo arni. Rhoi'r hosan am ei law. Yn dawel)

Fi!

(Sundance yn ailadrodd ambell i linell)

Mond gwrando a sbïo.
    Makin' love ma' nhw.
    Brifo'i gilydd.
    Cleisio'i gilydd.
    Rhigo'i gilydd.
    Mam! Ga-i weld 'ch . . .
    Cau hi! Cau hi!
    Molchi cefn mam.
    A'i bronna hi'n siglo'n ara bach . . .
    Cau hi!
    Rhag cywilydd dy feddylia di.
    Sbecian! Sbecian!
    Drw' dwll clo'r bedrwm.
    Gweld petha.
    Brifo ydy secs.
    Poen.
    Y ddynas yn gorweddian yn fan'no fel siswrn wedi'i hagor.
    A'r dyn fel mynawyd.
    Brifo!
    Brifo!
    Brifo!
    Decoreshyns ydy merchaid fel yn y Wesdyns.
    Ma' pob hogyn bach isio twtshad 'i fam. Rhoid 'i . . .
    Cau hi!
    Rhag cwilydd dy feddylia di.
    Ma' mam yn medru difetha y resd o dy ffwcin oes di.

Nesh-i 'i thwtsiad hi wedi iddi hi farw.
Oer Oer Oer Oer
Oer Oer Oer Oer
Oer ydy marw.
OER!

(Sŵn chwipio)

Cremation milk an' peaches!

(Mae'n tynnu dau dun o'i boced)

Tisho rei? . . . Gneud i chdi feddwl am bnawn Sul a the ar ôl
'rysgol Sul . . . *Peaches a Cremation Milk* . . . a chacan ŵy mam
. . . a withia'r ŵy 'di mynd i'r gwulod a'r pestri ar y top . . .

(Y tuniau yn ei law)

Fatha *Cremation Milk?*
   'Nacdi cariad . . . *Carnation Milk* w't ti'n feddwl . . . O! mâch
i . . . ti'n ddigri cofia . . . O! mâch i . . . '
   Be' ydy *cremation*, ta, Anti Janice?
   'Llosgi.'
   Llosgi mam.
   'Dyna o'dd 'i dymuniad hi . . . Dyna be' o'dd gin-i hi'isio
. . . ' Fedar neb fod isio ca'l 'u llosgi . . . be haru chi? . . . Naci!
Naci! . . . *Cremation Milk* 'da chi'n 'i feddwl . . . Ma' tyfu fyny'n
hurt bost ma' raid. 'Da chi'n deud wrth blant bach: Watja di
losgi 'ŵan! Paid ti a chwara hefo matjis rhag ofn i ti losgi. Ty'd
oddi w'th y stôf 'na'r munud 'ma! Llosgi nei di! Ond wedi i chi
dyfu fyny 'da chi'n llosgi'ch gilydd. Tydw i ddim isio tyfu i fyny,
anti Janice. Dwi'n gwrthod tyfu fyny. 'Da chi'n dalld! A fi sy'n
iawn eniwê . . . *Cremation Milk* ydy o . . . *Catch*, mam! . . . *Catch!*
. . . A'r tywod yn gynnas ar gledr 'ch llaw chi fel drws popty
. . . A mam yn trio dal y bêl . . . A'r môr yn wincian, wincian fel

42

tasa rhywun 'di lluchio milo'dd o gerrig mân i'w grombil o . . .
A eis crîm yn toddi hyd 'n llaw i i gyd . . . Yn ffrydia' pinc a
gwyn . . . Rasbri ripyl fel gwaed . . . fel gwaed . . . 'Ma' hi 'di ca'l
hemrej?'

Be dy' hemrej? Rwbath 'da chi'n 'i roid ar odra dillad, ia?

'Hemio ydy hynny, mâch i.'

Ond be' 'di hemrej ta?

'Sshd! Cariad. Sshd!'

A'r eis crîm yn rasbri ripyl fel gwaed hyd 'n llaw i a'r tywod
yn ddi-hid o gynnas a'r môr yn wincian, wincian fel hen ddyn
yn 'i gadar mewn *home*. Wincian! Wincian! Wincian!

*'At a distance you don't look bad for a man. But up close you're
certainly a disappointment aren't you . . . '*

(Mae'n rhoi'r tuniau yn ôl yn y bath)

Mae 'na bob dim yn y bath 'ma ond ffwcin dŵr.

(Wrth y gadair)

Ydi hi'n nosi dwa'? Ydy hi? Mynd yn ddu-biws fel lwmp o iau
ar slab mewn siop bwtjar? Ga i dy dwtjad di hefo'n hiraeth . . .
Iesu! Sbïa'r hiraeth sy' rhyngthom ni . . . Paid ti â dŵad i'r fei
byth . . . BYTH . . . Ma gin i hen lun ohona chdi mewn llyfr ysgol
Sul . . . Pan oddan ni'n dau'n ifanc . . . Dy walld di'n felyn ac yn
llaes a dy ll'gada di'n las las . . . Pam ma' fi sy'n gorod gneud y
siarad yn y sgwrs 'ma? Pam ma' nhw i gyd yn siarad Susnag
hefo fi? . . . Dwi'n falch ma' Cymro w't ti . . . Ti'di ca'l dy
hambygio gin hanes 'n do? . . . *Come on you dummy, talk* . . . Ond
paid ti byth â dŵad i'r fei . . . os 'rhosi di'n cuddiad mi fydda i
bob amser yn gedru meddwl fod 'na rhywun yna . . . Os ddoi di
i'r fei mi fydd credu ynot ti'n amhosibl wedyn . . . dwi ond isie
lle gwag i ddal 'n sgrechian i . . . *What you gonna do? I'll ask the
questions!* . . . Paid ti â meiddio torri ar 'y nhraws i . . . Dwi isio'r
gadar 'na'n wag am byth ac am byth, ti'n dalld? . . . Yn wag â

43

chdi yn'i hi . . . DALLD? . . . Y basdad i chdi . . . *I need you, Doc.*
Don't let me down. Wake up! Do you hear me? Wake up! Leave him
alone! Can't you see he's dying!

Yli! Gola Niwbwch fel breichled am arddwn y nos . . . Ti'n
licio hwnna? . . . Fel breichled am arddwrn y nos . . . 'na nhw'n
fan'cw yli . . . Y gola' . . . Yn fan'cw'n 'nychymyg i . . . 'Stalwm
. . . Fyddwn i'n 'u gweld nhw drw' ffenasd y lle chwech yn tŷ ni
. . . A'r nos fel wadin du . . . A rhyw chwa o wynt yn dŵad o rwla
. . . Ac yn codi'r dall . . . Y dail fel d'ylo plant bach yn codi w'th
atab cwestiyna' yn 'rysgol . . . A gola Niwbwch yn dŵad i'r fei
. . . Fel breichled am arddwn y nos . . . A wedyn yr awel yn
peidio . . . A d'ylo'r dail yn disgyn . . . A golau Niwbwch yn
diflannu . . . A'r nos yn 'y m'yta fi'n fyw . . .

(Sŵn chwipio)

There it is! Tombstone!

(Sŵn blwch cerdd. Mae'n dod â'r bocs i'r fei. Mae blwch cerdd balerina
yn dawnsio yn y bocs. Mae o'n tynnu darn bach o bapur newydd o'r
bocs. Cau'r bocs. Darllen y darn papur)

Williams, Margaret . . . Ar ôl cystudd hir wedi ei ddioddef ag
urddas . . .
    Cystudd.
    Clustog.
    Pen mam yn fach ar y glustog.
    Clustfeinio.
    Wrth y drws.
    Y docdor yn sibrwd mor dawel ag eda yn dŵad o rîl.
    Cystudd.
    Clustog.
    Clustfeinio.
    Cansan.
    Cnebrwn.

Gei di ddŵad i fyw at Anti Janice ac Yncl Jac.

Hen sais uffar o Bolton.

Bolton!

Deud y cwbwl dydi!

Bolton!

BOL TON . . .

Anti Janice, pam o'dda chi'n deud ar y ffôn w'th Anti Mair fod cansan ar mam? . . . 'Cos ffon hedmasdyr ydy' cansan . . . 'Mi fydd 'na gansan ar dy ben-ôl di os ffeindia i dy fod ti'n gwrando 'rochor arall i'r drws eto . . . ' Ond sut fedar cansan fod ar mam? A dyma hi'n rhoid 'i breichia'n dynn dynn amdana' i . . . 'I breichia' hi fel gefail yn brathu i mewn 'i 'nghnawd i fel . . . cansar . . .

"Sa ti'n licio dŵad i'r pictiws efo Anti Janice dy' Sadwrn . . . '

Byswn! Byswn! Be' sy 'na?

'High Noon.'

High Noon!

'Ia *High Noon* 'fo Gary Cooper.'

Pwy 'dy Gary Cooper?

'Cowboi.'

A mi es i i mewn i'r pictiws y pnawn Sadwn hwnnw a dwi 'rioed 'di dŵad allan.

Dying ain't much of a living boy. Get three coffins ready. My mistake! Four coffins . . .

Marw!

Gair fel gordd.

Basdad o air

Gair â dim gwaelod iddo fo

Di-ben-draw o air

Di-ymyl o air

Lliain bwr' o air

Yn ca'l 'i ysgwyd yn drws cefn

A'ch holl fywyd chi'n disgyn ohono fo

A gada'l 'im byd

Ar ôl ond gwynder gwag

Sy'n serio'ch llygid chi.

A dyma fi'n gafa'l yn 'n llyfr homwyrc ac hefo rybyr yn rhwbio pob M. pob A. pob R. pob W. o bob tudalen nes o'dd pob tudalen yn dylla' duon fel tylla' bwlets . . .

'I bedd hi fel siâp drws salŵn . . .

A thu mewn i'r salŵn, hen ddynion drwg yn bridd i gyd . . . Sothach . . . Y Daltons . . . Y Millers . . . Mr Pierce . . . Mr Colby.

A finna tu allan . . .

Come on you bastyns . . .

Come on . . .

Draw you bastyns . . .

Draw . . .

Ffycin *draw* . . .

Draw you damn tin horn . . .

Dwi isio rhannu'r arch efo mam . . .

''Mond lle i un sy' mewn arch, 'y mabi fi . . . Y mabi fi . . . '

Mi o'dd 'i harch hi'n debyg i fath . . . Mond lle i un . . .

(Sŵn y blwch cerdd)

'Mi fasa dy fam isio ti ga'l hwn.'

Be ydi'o Anti Janice?

'Miwsical bocs . . . Hefo hwn y bydda hi'n dy ga'l di i gysgu . . . Fuos di 'rioed yn un hawdd . . . O! 'mâch-i, 'mâch-i . . . '

(Sbïo ar y balerina'n dawnsio)

'A wa'th ti ga'l hwn ddim chwaith.' A mi roddodd hi andros o focs mawr i mi . . . Ac yna lle ro'dd hi fel lluwch o eira . . . Ac un tamad o ruban coch yn gorweddian arni hi . . .

'Ffrog briodas dy fam . . . Fuo 'na fawr o lwc i dy fam . . . Gryduras . . . Ond ar ddydd 'i phriodas yn 'i ffrog mi o'dd hi fel lleuad llawn yn trafeilio ymyl y môr . . .

Anti?

'Be mâch-i?'

46

Dwi isio bod yn balerina.

'Balerina? Gogoniant! 'Sa'm gwell gin ti fod yn ddreifar trên dwa'? . . . Hogan ydy balerina . . .

Naci! Balerina dwi isio bod. Ma'r enw mor dlws . . . Balerina!

Gwrandwch: Bal . . . er . . . ina . . . Y balerina bach yn sdryglo ac yn sdrancio ar yr hen beth metal 'na rhwng 'i choesa hi . . . A'i choesa bach hi'n gwingo ar yr hen beth 'na . . . Bob nos mi fyddwn i'n agor y bocs . . . A gwrando . . . A sbïo ar y balerina bach yn sgrechian heb ddeud dim . . . Yng nghanol y miwsig, y sgrechian mud yn nhrymder dwfn y nos . . .

Chewch chi mo'no fo, Yncl Jac . . . Un mam ydi o . . .

'Give it to me! . . . You're a boy ya' daft bastard . . . You should learn arm wrestling and how to use your cock . . . Go on show me your cock . . .

Have you got a cock . . . Have you used it? . . . '

You Sais! You Sais! You Sais!

'Yeah! I'm a big size, aren't I . . . Give . . . me . . . the . . . fucking box . . . '

Ty'd i nôl o medda fi w'th dynnu Stanley o 'mhocad.

A mi welis i'r jeli yn disgyn o'i lygad o . . . Cut! medda Fred Zinnemann w'th Gary Cooper . . . Cut! You look mighty pretty when you get mad . . .

(Mae'n codi o'r bath ac yn rhyw lun ar ddawnsio. Codi ei freichiau'n staccato. Troi ei ben i'r chwith, i'r dde, i'r chwith, i'r dde. Mae'r peth yn hollol dedpan. Mae o'n stopio'n stond)

Ti'n cofio Mr Harkinson? . . . Ti'n 'i gofio fo? . . . Y Sais 'nw ddo'th i fyw i fan'cw . . . O'dd o'n licio cerddad rownd 'i rar yn noethlymun . . . A Wil Tyc yn deud w'th y ficar . . . 'Dwi 'di gweld coc Mr Harkinson' . . . A'r ficar yn drwm 'i glyw . . .

'Gweld be?'

'Dwi 'di gweld dog Mr Harkinson,' medda Wil Tyc yn syth yn ôl fel bwlat . . .

'Ci ydy'r gair,' medda'r ficar . . . 'Ci nid dog . . . Peidiwch chi

47

â chymysgu y Gymraeg a'r Saesneg byth.'

A medda Mr Harkinson wrtha' i, *'Come and see a dance, little boy.'*

A 'ma fo'n mynd â fi law yn llaw at giât Moro-goro . . .

'Watch,' medda fo.

A dyna lle ro'dd yr haul . . . haul yr ha' hwyr . . . yn grwn goch fel da-da annwyd . . .

'Watch the dance,' medda Mr Harkinson. A dyma'r haul yn dechra troi rownd a rownd . . . troi rownd a rownd mor ffasd fel na fedrwn i mo'i weld o'n symud . . . Yr haul yn troi rownd a rownd gan ddiosg rubana pob lliw oddi amdano . . .

'Do you see it?' medda Mr Harkinson.

'The sun's dancing! It's waving ribbons of many colours with it's strong arms of light across the dying cobalt sky . . . Orange and yellow and purple and crimson and blood red ribbons . . . Have you seen anything as beautiful as that? . . . The sun dancing . . . As it dies . . . The dancing sun . . . The Sundance . . . '

A ma' fo'n sbïo arna' i . . .

'Sundance,' medda fo . . . A gwenu . . .

'Will you be able to dance like that as you die, Sundance . . . '

'Ochre,' medda fo i ddistawrwydd rhyfeddol y ddawns . . .

Ochre, meddwn inna' heb syniad yn y byd be o'dd *'ochre'* yn ei feddwl . . .

Ond d'odd dim otsh . . . *Ochre*, me' fi wedyn

'Ochre,' medda fynta . . .

'That's what they mean by god . . . the dancing as you die . . . and letting your colours soften and melt into the black, black impenetrable darkness . . .

'You like Westerns, don't you?' meddai Mr Harkinson . . . *'I've seen you play cowboys . . . I've got something for you, Sundance . . . It's called a 'stetson' . . . Sorry about your mum . . .'*

(Mae Sundance yn rhoi'r stetson am ei ben . . . Mewn gorfoledd)

Stetson! . . . Stetson! . . . *Yeah!* Stetson . . . SUNDANCE!

(Mae o'n gwneud sŵn hogyn bach yn saethu a'i ddwylo fel gynnau)

Are you going to pull those pistols or whistle Dixie?

(Sŵn chwipio)

Ti'n mynd y tu ôl i'r shilffo'dd . . . ar dy gwrcwd . . . *'Go on Sundance,'* fydd y lleisiau'n 'i ddeud . . . *Go on!* . . . Ti'n teimlo'r gwn yn dy boced di . . . Fyw i chdi gario holsdyr mewn swpermarcet . . . tydyn nhw ddim yn licio petha fel'a mewn *family friendly store* . . . 'sa nhw'n gwasgu dy fols di hefo'i d'ylo hegar . . . Ti'n mynd wysg dy gefn heibio'r Reis Crisbis a'r miwsli . . . cadw dy anadl yn dawel bendith dduw i ti . . . a rownd y tro . . . Ti'n gwasgu'r gwn . . . Rownd â chdi'n slo bach . . . Iesu! diolch i dduw 'im byd ond tunia hotdogs a bêcd bîns a sbageti hŵps . . . Rownd â chdi . . . Heibio bob tun . . . Lliwia'r labeli yn brifo dy ll'gada di . . . ond fyw i chdi . . . fyw i chdi . . . Rownd â chdi . . . Rownd y gornal . . . Ffwc! Y ffridjis . . . Fedri di ddim cuddiad yn ymyl y ffridjis . . . Ti'n chwsu chwartia. Ti'n diferu . . . A dydi oerni'r *oven ready* tjips na'r *frozen peas* na'r bîff-byrgyrs yn gneud dim i chdi . . . Ti'n boeth, boeth . . . a ma' cledar dy law di'n socian yn erbyn carn y gwn . . . ond ymlaen â chdi . . . A ti'n gwbod fod 'na ll'gada'n dechra sbïo arna' chdi . . . ll'gada fel clincars anghynnas . . . a sŵn y ll'gada fel hisian nadrodd . . . *Come on!* . . . *Come on, Sundance!* medda chdi wrtha' chdi dy hun . . . Ty'd o'r ffwcin ffridjis 'ma . . . Diolch i'r arglwydd; y lle cwrw a'r gwin . . . Ond ti'n sydyn jysd â marw isio piso . . . A ti'n teimlo'r cachu'n dechra' hel yn dy fol di . . . ond 'mond ymlaen fedri di fynd er bo' gen ti ofn y ffwcin sheri . . . Anghenfil o rwla pell ydi *Amontillado* . . . A ma' 'port' yn air sy'n ecsblodio yn dy glusd di . . . PORT . . . Ymlaen â chdi heibio *Chateau* fan hyn a *Chateau* fan arall . . . *Chateau* . . . *Chateau* . . . Ffwcin boteli o *Chateau Neuf du Pape* yn disgyn hyd lawr. Gwin goch fel gwaed yn hemrejo hyd bob man . . . Hemreijo!

A ma' un o'r bastyn seciwriti gârds yn dy weld di. Mae o'n

49

gwenu arna' chdi, ond nid gwên ffeind ydy hi . . . Ma' o'n clecian 'i figyrna' . . . Ti'n trio gweiddi ar Gary Cooper . . . ond 'd o's 'na'r un gair yn dŵad allan o dy geg di . . . Y cwbwl weli di ydy Jack Palance a'i het a'i wasgod o'n ddu fel parddu . . . A ma'r bastyn tew yn dŵad yn nes ac yn nes atat ti . . . Ac yn sydyn, mi w't ti'n gafa'l mewn potal o Cariad a Iesu! Iesu! Ti'n gedru gweiddi: *you cunt! You cunt! You cunt!* Ond be' w't ti 'im 'di sylweddoli ydy fod 'na ddau arall ohonyn nhw tu ôl i chdi . . . A chyn i chdi fedru deud 'Sam Peckinpah' mi w't ti'n ca'l dy lusgo heibio Pos'man Pat lle ma'r hogyn bach 'ma'n sgrechian nerth 'i ben a'i fam o'n sgrechian fwy byth . . .

A ti'n clŵad rhywun yn deud: *'Sorry about this, madam . . . '* ond cyn i Pos'man Pat a'i *black an' white cat* uffar orffan 'u cân mi w't ti yn y cefn 'efo llanasd bocsys a binia' Ac o dy flaen di ma' 'na dri ohonyn nhw . . . A ma' nhw'n gwenu ac yn taro'i ddyrna' yn erbyn cledra'i dwylo ac yn gweiddi:

EASY! . . . EASY! . . . EASY!

A ti'n tynnu'r gwn allan yn . . . yn uffernol o ffasd . . . A ti'n gweiddi . . . *Draw you* bastyns . . . *Draw! . . . Draw you* bastyns . . . *Draw! . . . Draw you damn tin horns.* A ti'n gwbod bod y bwlets yn trafeilio'r blynyddoedd. Y bwlets arian eirias yn sbinio trwy d'orffennol di gan droi wyneb Yncl Jack yn *rosette* coch. *First prize* Yncl Jack medde chdi. A mewn â nhw yn winias drwy dwll y clo i gael gwared â'r siapau a stumiau dynion sydd wedi ffwcio a ffwcio dy frên di a brifo Mam. A ti'n gwbod bo' gin ti un bwlet ar ôl . . . A ti'n tynnu'r *trigger* yn dyner fel goglais . . . Ac yno ma' hi yn ei ffrog briodas a'i breichiau ar agor. 'Ty'd ata' i, 'mabi i,' meddai hi. 'Dwi 'di gyrru rhywun arall tro 'ma,' ti'n ei weiddi'n ôl. A mae'r bwled yn siffrwd yn nefnydd y ffrog briodas. Ti'n gweld y gwaed yn llifo'n dyner fel rhuban coch. 'Mam,' medde chdi, 'Mam, sy'n magu ac yn mygu yn mygu ac yn magu.' Ac yn dy glustia di ti'n clywad y miwsig:

(Mae o'n dechrau canu yn dawel, dawel)

50

'Do not forsake me Oh! My darling
   On this your wedding day . . .'

A ti'n cerdded yn ôl i'r *family friendly* . . . ac yno yn dy gwarfod di ma'r manijyr . . . *'Jees!,'* medda fo . . . *'Jees! Sundance,'* . . . A ma' merchaid y tils yn gweiddi arna chdi *'Come up and see us sometime, Sundance!'* . . . A ma'r hogyn bach Pos'man Pat yn gweiddi ar dy ôl di: *'Draw Sundance! Draw!'* . . . A ti'n troi rownd yn sydyn ato fo . . . *'Gotcha!'* medda chdi w'tho fo . . . *'Anything you want Sundance!'* medda'r manijyr . . . *'Anything you want!* . . . *Anything!'* . . .

(Saib hir. Sundance yn sbïo i bellter mawr. Golwg hollol foddhaus arno)

'You don't look like a rootin' tootin' son of a bitch, cold assassin . . .'
   What's your name, boy?
   Alias.
   Alias, what?
   Alias anything you please . . .

(Troi'r teledu ymlaen)

Ti 'di blino'r hen foi?

(Mae o'n mynd at y gadair. Dechrau ei gwthio)

Mi ddo i â *danish* pêsdri i chdi fory . . . O'r *family friendly* . . . Uffar o un fawr . . . 'Sa ti'n licio? A chwsdad yn 'chanol 'i . . . *Anything you want Sundance.* Ty'd, mi â i a chdi nôl. Ti 'di mynd yn dawedog . . . Yr hen dimensha 'na'n chwara'r bêr hefo chdi yndio. Ddudas i w'tha ti dwa' 'mod i 'di mynd at seciwriti gârd a medda fi wrtho fo . . . *'You are in the ecstasy of communication'* . . . 'Sdi be 'ydodd o? . . . 'Im byd achan! . . . 'Sdi be 'na'ni fory? . . . Reseiclo heddiw . . . Amrywio yr un petha' . . . A hynny sy'n gneud petha'n ddiddorol . . .

(Cymryd hoi o'r gwthio)

. . . Da' ni'n ffycin *geniuses* chdi a fi . . . Fel rydan ni'n medru gneud i betha bara am byth . . . A ma' dy 'byth' di yn hirach na'n 'byth' i . . . tydi o? . . . Os o's gin ti ddigon o eiria' mi fedri di neud i rwbath bara . . .

(Sbïo am allan)

. . . Ma'r nos 'ma fel gola' ffyrnig . . .

(Gwthio ymlaen. Gorchuddio'r gadair â'r tarpwlin)

Tan fory. Mi ddoi â chdi allan fory eto.
    A'r dwrnod wedyn.
    A'r dwrnod ar ôl hynny.
    A'r dwrnod ar ôl hwnnw.
    Hyd byth bythoedd ac amen.
    Tra pery geiria'.

(Saib)

Nos dawch!

(Saib)

O'dda ti'n deud 'wbath?

(Saib hir. Mae o'n symud at y ffrog briodas. Rhwbio'r deunydd yn ei foch yn dyner iawn, iawn)

Goglais . . .

(Chwerthin)

'Seems to me you've been riding a long time but not getting very far'
. . . Not a hard man to track. Leaves dead men wherever he goes' Draw!
Draw you damn tin horns. You always fancied yourself faster than me!
Let me down! Not till you kiss me! No gringos only federales. Where
is Mapache?

(Colli'r chwerthin yn llwyr)

You act as if you want to get killed!
    Maybe I do . . .

(Pendroni)

Mi o'dd 'i harch hi fel bath . . . 'Mond lle i un . . .

(Mae'n troi'r fideo ymlaen ac yn suddo i'r bath. Gwelwn ddiwedd High Plains Drifter*)*

GOBEITHION GORFFWYLL

addasiad Sharon Morgan o stori fer gan Simone de Beauvoir ar gyfer Theatr y Byd

Perfformiwyd *Gobeithion Gorffwyll* am y tro cyntaf yn y Tabernacl, Machynlleth ar 26 Awst, 1994:

Muriel: Sharon Morgan

Cyfarwyddwr: Ian Rowlands
Cynllunydd: Penni Bestic
Goleuo: Dave Roxburgh
Rheolydd llwyfan: Ruth Jones

Mae'r ddrama'n digwydd ar Nos Calan mewn fflat yng Nghaerdydd.

'Dwi'n cyflwyno realiti beth sy'n digwydd i fenywod yn ein cymdeithas. Cyfrifoldeb y darllenwyr yw elwa o'u camgymeriadau, i ddysgu o'u profiadau a chadw'u hunain yn rhydd o sefyllfaoedd sy'n diweddu yn yr un ffordd' – *Simone de Beauvoir, 1982.*

Cyflwyno *Gobeithion Gorffwyll*

Mae'n 1993, dwi'n 43 a dwi wedi bod yn actio am bron i gwarter canrif. Dwi wedi bod yn lwcus – dwi wedi ca'l digon o waith. Dwi wedi dysgu 'nghrefft, a dwi'n talu'r bilie. Ond d'os dim sbarc, dwi ishe her. Dyw'r rhanne dwi'n chware ddim yn ddigon *mawr!* ond, yn waeth fyth, dynion sy'n sgwennu nhw. Dwi wedi ca'l llond bola o ffito'n hunan mewn i ragdybiaethau cwbl gyfeiliornus. Dwi'n ysu am ga'l gweud rhwbeth yn hunan. Bydd rhaid i fi sgwennu! Ma' ysgrifennu rhwbeth gwreiddiol yn gam rhy anferth, ac felly dwi'n penderfynu cyfieithu ac addasu stori o'r enw *Monologue* o'r gyfrol *La Femme Rompue* (Y Fenyw Doredig) gan Simone de Beauvoir – cyfle i ddefnyddio'n Ffrangeg rhwdlyd. Mae Simone de Beauvoir wedi bod yn arwres i fi ers y saithdegau. Pan ddarllenais i ei llyfr *Yr Ail Rhyw (La Deuxième Sexe)* newidiwyd 'y mywyd i, ac mae'r dadansoddiad syfrdanol o ormes menywod yr un mor berthnasol heddi.

Trwy Theatr y Byd dwi'n gneud cais i Gyngor y Celfyddydau, fel rhan o daith o bedwar sioe un person. Mae'n ca'l ei dderbyn. Bydd raid i fi 'i wneud e nawr. Dyw e ddim yn rhwydd disgyblu'n hunan i ishte lawr yn dawel mewn stafell wrth 'yn hunan. Ond dwi yn, a dwi'n mwynhau! Dwi'n sgwennu'n dafodieithol – dwi'n ymwrthod â'r ysgol – 'sgwennu fel ma' neb eriod byth, bythoedd wedi siarad unman yng Nghymru.' Dwi'n ei sgwennu fe yn 'y nhafodiaith *i*. *Fi* sy'n mynd i'w berfformio. Ma'r cyffro'n ormod. Mae'n anhygoel 'mod i'n mynd i ga'l y cyfle!

Ma' Muriel y prif gymeriad – yr *unig* gymeriad, yn gryf, yn ddeallus ac egnïol, ond mae'n defnyddio ei holl adnoddau i'r perwyl anghywir. Mae'n gwrthryfela'n erbyn y drefn ddomestig dosbarth canol ond dyw hi ddim ishe datod ei hun oddi wrtho. Dyw hi ddim yn gallu gweld ei fod e'n anghyfiawn yn ei hanfod. Mae hi ishe bod yn gydradd ac yn wraig. Dyw hi ddim yn sylweddoli bod y ddau air yn anghymarus. Mae'n defnyddio'i phŵer (nid ansylweddol) i sgrechen fel plentyn anystywallt mewn archfarchnad. Dwi'n dwli ar y darn.

Cynhelir y perfformiad cyntaf ym Machynlleth ym mis Awst fel rhan o Ŵyl y Tabernacl. Dwi'n darllen bob llyfr ar ac am Simone de Beauvoir. Dwi'n trefnu cyfnod ymarfer. Mae Lluniau Lliw yn gofyn am bedwar diwrnod o ffilmio ar gyfer *Yr Heliwr* yn ystod y cyfnod ymarfer – dwi'n eu diawlio nhw, ond dyma'r gyfres sy'n talu'r bilie. Dwi'n dechre gweithio ar ben fy hun mewn neuadd sgowtie rownd y gornel – ac wedyn dysgu'r llinelle yn yr Orenfa yn Abaty Margam tra'n gwylio Siân Phillips yn smalio ware'r piano. Mae'r ymarferion yn dechre go iawn ac Ian Rowlands, y 'mhartner i ar y pryd, yn cyfarwyddo. Dwi wedi penderfynu ar arddull argraffiadol ddwys ac annaturiol ac mae e'n cytuno. Ma' Muriel yn garcharor gormes ideoleg israddoli menywod, ac yn garcharor llythrennol yn ei fflat. Mae'r arddull yn atsain o emosiyne eithafol menyw heb unrhyw fath o reolaeth dros ei bywyd. Mae'n anodd. Ma'r geirie'n arllwys yn bendramwnwgl, mae'n neidio o bwnc i bwnc heb drefn. Do's dim llawer o atalnodi. Do's dim llawer o brops chwaith, 'sneb arall yn dod mewn a mas! Mae'n anodd cofio heb gysylltiade concrit â phethe a phobl.

Ma' ishe egni lleisiol diddiwedd, ac egni corfforol cawr, mae'n rhaid plymio i'n nyfnderoedd a llusgo'r teimlade duaf i'r wyneb. Ma' Muriel yn 'ysglyfaeth ffôl i'r bywyd ma' hi wedi dewis – dibyniaeth priodasol' (S. de Beauvoir). Dwi rio'd wedi priodi, dwi'n casáu'r sefydliad – ma' rhaid i fi uniaethu â Muriel, deall pam, a shwt.

Mae Muriel yn *hysterical*. Mae fel bod ar fwrdd llong mewn teiffŵn. Dyw actores ddim yn ware offeryn, ma' actores yn ware hi hunan. Ar y dydd Llun cyn agor dwi'n cracio. Dwi ffili neud e. Ma' bod mor agos i emosiyne amrwd yn brifo. 'N dechre llefen. Dwi ffili stopo. Dwi'n rhedeg o'r stafell ymarfer, dwi'n gyrru i Sully, dwi'n ishte ar y traeth yn yfed botel o *Pils*. Galla i ganslo popeth?

Na alla.

Ac felly ar 26 Awst 'wi'n trafaelu o Gaerdydd i Fachynlleth. Mae'n ddiwrnod bendigedig o haf. Ma' Ian yn gyrru, a'n fab Steffan, sy'n 14, yn ishte yn y cefn. Ma' sgript ar agor ar yng nghôl. Pam dwi'n neud hyn? Pa fath o fasocistiaeth erchyll da'th drosto'i? Pa fath o dwll mawr du emosiynol sy'n arwain rhywun i *ddewis* perfformio sioe un person?

Ry'n ni'n cyrraedd Machynlleth. Dwi'n mynd i'r stafell wisgo. Mae'n neis iawn, mae'n newydd. Dwi'n plygo'r *Carmens* mewn, dwi'n peinto 'ngwyneb – lot o ddu ar y llygaid a lot o goch ar y gwefuse – gwyneb Muriel. Dwi'n gwisgo ffrog hir ddu wedi'i brodio â gleinie, a siaced drosti, teits du, sgidie du – dillad Muriel. 'Wi'n rhoi'r *Carmens* yn y 'ngwallt, wi'n peinto 'ngwinedd yn goch llachar *Chanel*. *Galwad hanner awr – 35 muned i fynd.* Ma'r munude'n tician hibo – ma' cloc 'da fi. Dwi ishe'r amser i fynd yn gynt a dwi ishe i'r amser stopo. Dwi'n teimlo fel carcharor ar fin ca'l ei dienyddio.

Dim ond fi fydd ar y llwyfan. Beth os anghofiai'r geirie? Bydd raid i fi gofio'r blydi lot, yr holl eirie 'na – cannoedd ar gannoedd ohonyn nhw! Paid â stopo Sharon. Caria mla'n ta beth ddigwyddith. Dwi'n tynnu'r *Carmens* mas. Dwi'n 'neud 'y ngwallt. *Galwad cwarter awr – 20 muned i fynd.* 'Wi'n cysidro rhedeg bant, neiff neb sylwi, af i mas trwy ddrws y bac, mas i'r hewl fawr, hibo'r cloc a'r *Hydd Gwyn* a rhedeg a rhedeg yn 'y nillad a 'ngholur ryfedd bob cam nôl i Gaerdydd. *Galwad 5 muned – 10 muned i fynd.* Ma' popeth yn dibynnu arna' i, pob effaith sain, pob ciw goleuo. Beth os fagla' i? Pum deg pump muned a dim ond fi. Le gaf fi'r nerth? Le gaf fi'r egni? Beth os golapsa'i? Shwt alla'i stopo 'nghoese 'i rhag crynu? *Galwad Dechreuwyr – Dechreuwyr i'r llwyfan os gwelwch yn dda – 5 muned i fynd.* Dechreu*wraig* i'r llwyfan. Dim ond un o fi sydd. Pam ddiawl wdwi'n teimlo fel hyn? Ar ôl yr holl flynyddoedd 'ma dwi sboso fod yn gw'bod rwbeth. Dwi ddim yn rhedeg bant. Dwi'n rhoi un droed o flaen y llall a 'wi'n cyrraedd y llwyfan. Odi'r farnaish gwinedd wedi sychu?

Dwi'n ishte yn 'yn le, mae'r gerddoriaeth yn tawelu, ma'r

gole arno'i, ma 'na gynulleidfa mas 'na. Dwi'n dechre'r daith wallgo'. Dwi'n gyrru Ferrari trwy genol Eryri, ma' pob cyhyr, pob nerf wedi ymestyn i'r eitha'. Corff, enaid, synhwyre, ymenydd ar ymyl ebargofiant. Ma' amser ar stop. Fi yw Muriel. Dwi mewn fflat yng Nghaerdydd. Mae'n Nos Calan. 'Wi'n ddiflas, 'wi'n gas, 'wi'n drist, 'wi'n grac, 'wi hanner ffordd trwyddo – ma' nhw'n gwrando'n astud. 'Wi'n gweiddi, 'wi'n sgrechen, 'wi'n llefen, 'wi'n gwatwar, 'wi 'di cyrra'dd yr alwad ffôn – ma' nhw dal 'da fi. 'Wi bron â chyrraedd y diwedd, 'wi ar 'y nglinie ar fla'n y llwyfan, 'wi'n gweud y gire ola'. Ma'r gole'n mynd lawr, 'wi'n codi, ma' 'na gymeradwyaeth, 'wi'n moesymgrymu. 'Wi ffili credu. 'Wi 'di neud e. Es i drwyddo fe heb stopo. Gofies i'r gire. Faglais i ddim. 'Wi'n ecstatig. 'Wi ar dop y byd.

'Wi 'di neud e unwaith, galla' i neud e 'to. A 'wi yn – 19 o withe. Nôl i ailymarfer gyntaf gyda'r artist gwydr lliw Catrin Jones yn braslunio wrth i fi weithio (o'dd comisiwn ar gyfer pedwar artist yn rhan o'r cais). Dwi'n agor yn Chapter ar gyfer Gŵyl Magdalena. Dwy sioe 5.30 a 10.00 – a cyfweliad a darn i'r *Slate* (rhaglen gelf BBC Cymru) yn y canol – hunllef! – ac 17 noson arall – 17 cynulleidfa wahanol ac 17 perfformiad gwahanol, withe mae'n haws casáu, withe mae'n haws galaru – mae'n dibynnu ar beth sy' tu fewn i fi.

Dwi'n cofio'r gire, 'wi'n ffindo'r egni, dim ond unwaith 'wi'n ca'l blanc, unwaith o'dd e'n bleser chware i 12, a dim ond unwaith feddylies i 'wi wedi blino – pam na newch *chi* rwbeth nawr? wrth sefyll yng nghanol y llwyfan a gweld y gynulleidfa jest yn ishte 'na!

Wrth gwrs mae sioe un person yn caniatáu'r sylw i gyd, ond mae'n her anferth. Sawl gwaith yn ystod y daith dywedais wrthof fi fy hun, 'taswn i wedi sylweddoli . . . Roedd y gofynion corfforol o ran llais a symud, yn anferth, heb sôn am y dyfnderoedd emosiynol oedd yn rhaid plymio iddynt bob nos – ac roedd rhaid. Doedd y sioe yma byth yn dod yn haws wrth ei pherfformio, ac weithiau roedd pwysau'r emosiwn yn ormod i'w gario ar adegau. Dyna'r pwynt wrth gwrs – cyrraedd eithafon fel perfformwraig, gwthio fy hun mor bell ag y gallwn i.

O'dd bob nos fel dringo Everest. Mae'n ddarn mor uchelgeisiol 'sdim modd ffriwhilo, ma' rhaid boddi'n llwyr ym mhob emosiwn eithafol bob tro. Erbyn y diwedd 'wi ar 'y 'nglinie. Dwi'n gorffen y daith yn Llanfyllin i gynulleidfa o Gymry di-Gymraeg a Saeson rhan fwya' – ma' 'na synopsis Saesneg – o'dd pontio'r ieithoedd yn rhan o'r nod. Ma' nhw'n mwynhau. Dwi'n mynd am beint – yn y dafarn le o'n i'n perfformio – sioe dafarn o'dd hon i fod, o'dd y mwg sigaréts yn broblem withe, ond ar y cyfan o'dd 'na awyrgylch o agosatrwydd ymlaciedig. Galla' i ddim ymlacio gormod – ma' rhaid llwytho'r fan – ma' gosod a thynnu'r set yn rhan o'r gwaith a dim ond pedwar ohonom ni sy'! Y rheolydd llwyfan, Ruth Jones, Ian Rowlands, Dafydd Wyn Roberts o'dd yn perfformio ei sioe r'un noson, a fi – dyna un o anfanteision sioeau un person!

Ac un o anfanteision gwaith theatr yn gyffredinol yw – dim arian! A dyna'r paradocs. Roedd *Gobeithion Gorffwyll* yn fy modloni'n dechnegol, yn emosiynol, yn ddeallusol ac yn wleidyddol, ond dyw'r theatr – ddifrifol, ddiddorol a gwerthfawr, sy'n ymestyn yr actor a'r gynulleidfa – ddim yn talu llawer, ac felly fe fues i'n sybsideiddio'r sioe trw' neud gwaith teledu trw' gydol y daith. Fe lynces i alwyni o *Ginseng* a *Rescue Remedy*.

O'dd hi'n ddigon anodd yn 1994, ond o leia' adeg hynny roedd 'na ddiwylliant Theatr Gymraeg gyffrous. Erbyn hyn mae wedi'i wanhau gymaint nes ei fod yn cropian ar ei bedwar. Heb theatr i ysgogi, adlewyrchu, cwestiynu, diddanu, ma'r genedl ar ei cholled yn ddirfawr.

Cyfieithiad yw hon wrth gwrs, y cam nesa' o'dd sgwennu sioe wreiddiol, am brofiadau menywod Cymraeg; *Ede Hud* oedd honno.

Dwi tu hwnt o falch fod *Gobeithion Gorffwyll* wedi'i

chyhoeddi. Dwi'n gobeithio y gwneiff rhyw actores orffwyll arall ei pherfformio yn y dyfodol. Wnes i mo'i chyfieithu ar gyfer llond llaw o berfformiade. Nawr mae'n rhan o lyfrgell dramâu Cymru.

Sharon Morgan

Gobeithion Gorffwyll

addasiad gan Sharon Morgan o stori fer Simone de Beauvoir

Y Twpsod. Wy' wedi cied y cyrtens. 'Na ddiwedd y goliade dwl ar y goeden Nadolig ond ma'r sŵn yn dala i ddod trw'r walydd.

Mae nhw gyd wrthi. Mae nhw'n meddwl bo' nhw mor bwysig yn eu ceir diflas dosbarth canol teuluol, eu *Ford Capris* di-chwaeth, eu *Escorts* bach pathetic, *Porsches* gwyn . . .

Porsche gwyn 'da seti lledr du – o'dd e'n ffantastig, a'r bois i gyd yn wislan wrth bo' fi'n mynd hibo, sbectol haul acha slant ar 'yn nhrwyn i, scarff *Chanel* ar 'y mhen i, a ma' rhein yn meddwl bo nhw'n mynd i neud argraff arno' i da'i hen grocs mochedd, sa' nhw'n ca'l crash mowr jest o dan 'yn ffenest i bydden i wrth 'y modd.

Jiawled ma' nhw'n racso 'nghluste 'i a 'sdim gwlân cotwm ar ôl iwses i'r lot d'wetha i fogu'r ffôn. Mae nhw'n ffiedd ond wellten i fod yn fyddar na clywed bod y ffôn byth yn canu.

Sa' ni jest yn gallu rhoi stop ar y sŵn 'ma, y tawelwch 'ma, a cysgu.

Gaf fi ddim winc, ges i ddim ddo', gynhyrfes i gyd wrth feddwl taw ddo' o'dd y diwrnod cyn heddi, 'wi 'di cymryd gyment o dabledi cysgu dy'n nhw ddim yn gwitho rhagor, a mae'r doctor na'n *sadist*, roiodd e *suppositories* i fi, galla i ddim stwffo'n 'unan fel dryll.

Ma' raid i fi orffwys, ma' raid i fi, dwi ishe rhoi cyfle i'n 'unan 'da Trystan fory; dim dagre, dim gweiddi.

'Ma'r sefyllfa'n annaturiol, dyw e ddim yn 'neud sens yn ariannol. Ma' plentyn ishe'i fam.'

Gaf fi noson arall heb gwsg, bydd 'yn nerfe i'n racs, 'na i gowlach ohono fe.

Jiawled ma' nhw'n carlamu rownd 'y mhen i alla' i weld nhw 'u clywed nhw'n stwffo *paté* gwael a twrci wedi llosgi, slobran drosto fe, Andrew a Mrs Eifion – Melanie, a'u plant bach salw, yn fam i. Ma'n gro's i natur bod yn frawd i yn fam i yn lico 'nghyn ŵr i'n well na fi!

Dwi ddim yn becso dam cyn belled a bo' nhw'n gadael i fi gysgu, chi myn' i dimlo bo' chi *off* y'ch pen newch chi gyfadde rwbeth, gwir ne' bido, well iddyn nhw bido dibynnu ar hwnna 'wi'n fenyw gryf newn nhw mo 'nghal i.

Mae partis nhw'n *crap* ta beth; mae'n ddigon blydi diflas ar y diwrnode eraill.

Wi wastad wedi casáu Nadolig, Pasg a diwrnod Guto Ffowc. O'dd Eifion yn ishte ar ysgwyddau Dadi i weld y tân gwyllt a o'n i'r wâr fawr ar y llawr, wedi gwasgu rhwng eu cyrff nhw jest ar lefel eu pethe nhw yn genol y gwynt anifeiledd, a 'na gyd wedodd Mami o'dd 'Co hi'n conan 'to' Stwffo nhw *hotdog* i'n law i, o'dd e ddim yn help dwles i fe, o'n nhw ffili clatsho fi ar ddiwrnod Guto Ffowc.

'Nath e eriôd 'y nhwtsha' i, fi o'dd ei ffefryn e, ei 'fenyw fach berffeth e'. Ond ar ôl iddo fe farw o'dd dim raid iddi foddran ragor, o'dd hi'n bwrw fi'n gros 'yn wyneb da'i modrwye.

Nes i 'riôd fwrw Sylvia. Dim unwaith. Eifion 'y mrawd o'dd y brenin. O'dd hi'n cymryd e mewn i'r gwely yn y bore, o'n i'n clywed nhw'n goglish ei gilydd. Mae e'n gweud bod e'n gelwydd bo' fi'n ffiaidd. Mae'n amlwg bod e ddim yn mynd i gyfadde dy'n nhw byth yn cyfadde, falle bod e wedi anghofio, anghofio beth sy'n anghyfleus, ma' nhw'n gachgwn, 'wi'n hala nhw'n grac achos bo' fi'n cofio.

O'dd hi'n cered rownd y stafell wely'n hanner porcyn, yn ci gŵn nos shidan, wen frwnt llawn twlle sigaréts, a fe'n hongan ar ei choese i, mae'n troi arnoch chi mame'n ware 'da'i bechgyn bach, a 'na ffor' o'n i fod i fihafio?

O na! O'n i moin plant da, plant glân o'n i ddim moin i Ffransis dyfu lan i fod yn bansi fel Eifion. Mae e'n dad i bump o blant a mae e'n bansi serch 'ny, ti ddim yn twyllo fi ti bown' o fod yn casáu menywod i briodi'r dwmpen 'na.

Dyw e ddim yn mynd i stopo! Faint o' nhw sy' na? Cannodd ar gannodd yn strydoedd Caerdydd. A mae e 'r un peth ym mhob dinas dros y byd i gyd, miliyne a miliyne, mae e bownd o waethygu 'sdim digon o newyn, bydd mwy a mwy o bobl, ma'

hyd yn o'd yr awyr yn llygredig cyn bo hir bydd y gofod mor
fishi a'r hewlydd a byddwch chi ffili dishgwl ar y lliad heb
feddwl am y twpsod sy' lan na'n siarad nonsens. O'n i'n arfer
caru'r lliad o'dd hi'n debyg i fi ma' nhw wedi strwa i, fel ma'
nhw'n strwa popeth, ma'r llunie'n ofnadw, peth llwm llwyd
llawn llwch ma' pawb yn gallu trochi da'u trâd.

Dwi wastod wedi bod yn barchus, yn didi, yn ddi-ildio, mae
e wedi bod yn 'y 'ngwad i ers pan o'n i'n blentyn. Paid â twyllo.
Alla' i weld 'yn 'unan nawr peth bach od mewn dillad rhacs,
o'dd Mami ddim yn boddran, a'r fenyw fach neis yn sibrwd
'Nawr te, odyn ni'n caru'n brawd bach?' a fi'n ateb yn
ddigyffro. 'Wi'n ei gasáu e'. Yr oerfel. Llyged Mami. Mae'n
naturiol i fod yn genfigennus, ma'r llyfre i gyd yn gweud. Be
sy'n ryfedd, beth sy'n plesio fi yw bo fi wedi cyfadde.

Dim consesiwn.

(12 o'r gloch yn taro)

'Ma ni, mwy o'u blydi nonsens nhw! Blwyddyn Newydd dda.
Beth yw'r ffys? Jest achos ar yr amser a'r amser ar y diwrnod a'r
diwrnod ŷn ni'n newid y calendr!

Ma'r short 'ma o *hysteria* wedi troi arno'i trw' 'mywyd.
Ddylen i weud hanes 'y mywyd i. Ma' gyment o fenywod yn
neud e, ma' nhw'n ca'l eu cyhoeddi, ma' bobl yn siarad 'mbiti
nhw ma' nhw'n paradan 'mbiti'r lle bydde'n lyfr i lot fwy
diddorol na'i dwli nhw. Byddan nhw mor grac i weld 'yn enw i
'yn lun i yn ffenestri'r siope a bydde'r byd i gyd yn dod i wbod
y gwir.

Bydde llwythi o ddynon wrth 'y nhrâd i ma' nhw mor
wasaidd newn nhw addoli'r fenyw hylla'n y byd os odiw hi'n
enwog.

Falle gwrdden i rhywun bydde'n gwbod shwt i garu fi.

O'dd 'yn nhad yn caru fi. Neb arall.

O'dd raid iddo fe ddigwydd ma' nhw'n danso ar 'y mhen i.
'Na fe, 'na ddiwedd ar heno, byddai'n bishys fory – bydd raid i

fi gymryd faliym i wynebu Trystan – eiff popeth yn ffradach.

'Pidwch y jiawled! Cwsg yw'r unig beth sy'n neud bywyd yn werth ei fyw!' ma' nhw'n cymryd mantes. 'Ma'r pôn yn y pen ôl 'na ffili conan mae'n Nos Calan.' Cerwch mla'n enjoiwch chi'ch 'unen! Ffinda i ffordd i ga'l chi 'nôl. Bydd y pôn yn y pen ôl yn rhoi pôn yn eich penole chi.'

'Sneb yn stablad arno i.

O'dd Andrew'n gandryll. 'Dos dim ishe neud ffŷs.' O o'dd! O'dd e'n danso 'da Nina'n glos glos a hi'n stico'i thits anferth mas drewdod y tŷ bach yn dod trw'r sent fe'n jigan mbiti'r lle da coc fel tarw!

O odw, 'wi 'di neud ffŷs yn 'y nydd. 'Wi'n dala i fod yr 'eitha fenyw fach' wedodd 'wi'n ei gasáu e.'

Agored, dewr, onest.

Ma' nhw'n mynd i ddod trw'r to a cwmpo ar 'y mhen i!

Alla' i weld nhw o fan 'yn ych a fi!

Rwto'n erbyn ei gilydd bola wrth fola mae'n troi nhw mlân y menwod parchus, ma' nhw'n wên o glust i glust ma'r boi 'di cyffroi!

A ma' bob un o nhw'n mynd i dwyllo'i ffrind gore newn nhw fe heno yn y bathrwm hyd yn o'd hyd yn o'd heb orwedd lawr, nicyrs ar y llawr; pan ewch chi i'r tŷ bach newch chi ddemshil yn y *mess* fel noson y ffŷs yn tŷ Rose.

Iesu ma' syched arno' i a 'wi jest a marw ishe bwyd ond bydde codi o'r gader 'ma a mynd i'r gegin yn 'yn ladd i. Ma'r twll 'ma'n rhewi ond os droia i'r gwres mlân bydd yr aer yn sychu lan, dim poeri yn 'y ngeg i nrwyn i'n llosgi. Ma' nhw'n gallu strwa'r lliad ond 'dyn nhw ddim yn gallu gwresogi fflat. 'Na chi gawlach, eu 'gwareiddiad' nhw, sa' rwbeth yn eu penne nhw bydde nhw'n dyfeisio robot i ôl sudd ffrwythe i fi pryd 'wi moin, a gofalu am y gwaith tŷ lle bo fi'n goffod bod yn boléit a gryndo ar eu bla di bla nhw.

Deiff Marian ddim fory gore gyd 'wi 'di diflasu'n llwyr ar ei thad hi a'i ganser. Serch 'ny 'wi wedi ca'l siâp arni ddi mae'n gwbod ei lle, mwy ne lai. 'Sda fi gynnig i'r rhai sy'n gwishgo menyg ryber i olchi llestri a acto fel sa' nhw bia'r lle. Ar y llaw arall sa i ishe slwt, gwallt yn y salad, ôl bysedd ar y drwse.

Ma' Trystan yn dwpsyn. O'n i'n dda iawn 'da'r help. O'n i jest ishe iddyn nhw i gario mla'n da'u gwaith, heb adrodd hanes eu bywyd.

Chi'n goffod hyfforddi nhw fel chi'n goffod hyfforddi plant, fel bo nhw'n tyfu lan i fod yn oedolion gwerth chweil.

Dyw Trystan ddim wedi hyfforddi Ffransis.

Ma'r blydi Marian 'na wedi gadael fi lawr bydd y stafell 'ma fel twlc ar ôl iddyn nhw fod 'ma.

Dewn nhw 'da'i anrheg bach ffansi newn ni gyd gusanu af fi rownd 'da'r tishennod a wediff Ffransis yn gwmws beth mae'i dad wedi dysgu fe i weud mae'n gweud celwydd fel oedolyn. Wedai wrth Trystan 'Ma' plentyn sy' wedi amddifadu o'i fam wastod yn troi mas yn wael – bydd e naill ai'n *hooligan* ne'n bwff – chi ddim moin 'na!'

'Wi ffili godded bod mor rhesymol. 'Na gyd 'wi ishe neud yw sgrechen 'Mae e'n ANNATURIOL cymryd mab wrth ei fam!'

'Mae'n rhaid i ti fygwth ysgariad,' medde Donna. Werthin nath e. Ma' dynon yn stico da'i gilydd ma'r gyfreth mor annheg ma' gyment o ddylanwad 'da Trystan, fi gele'r bai fe gadwe Ffransis gelen i ddim cinog ta ta fflat.

'Sdim byd alla' i neud. Blacmel. 'Wi'n ca'l arian a fflat, mae e'n ca'l Ffransis.

'Wi ar ei drugaredd e. Heb arian chi ffili amddiffyn eich hunan chi'n llai na dim, dwywaith dim. 'Wi di bod mor ddwl – becso dim am arian y dwpsen shwd ag wdw i. Nes i ddim neud iddyn nhw dalu digon. Sa' ni di aros 'da Freddie, bydde digonedd 'da fi llwgefen.

O'dd Trystan wedi dwli arno' i, gymres i dreni drosto fe, a beth ddigwyddodd? 'Nath y jiawl ga'l gwared ohonoi jest achos bo' fi pallu mynd ar 'y nglinie' i, a treto fe fel sa' fe'n frenin bach. Ddala i fe. Wedai 'tho fe bo' fi'n mynd i weud y gwir wrth yr un bach. 'Dwi ddim yn dost dwi'n byw wrth 'yn unan achos bod y jiawl o dad na 'sda ti wedi dympo fi. Gynta nath e seboni fi, wedyn nath e 'mhoenydio fi a buodd e jest â codi'i law ato i!' Mynd off 'y mhen o flân yr un bach, lladd 'yn 'unan wrth eu drws ffrynt nhw – rwbeth fel'na.

Ma' 'da fi drics, iwsa i nhw deiff e nôl ato' i dwi ddim yn mynd i bwdru yn y twll 'ma 'da'r bobl lan lofft yn stablad fi dan drâd a'r bobl drws nesa'n dino fi bob bore 'da'u radio a neb i ddod â crwstyn i fi pan ma' want bwyd arno' i.

Ma'r plymar wedi bod yn dodi fi *off* ers pythewnos! Neiff r'wbeth y tro i fenyw wrth ei hunan, mae'n droëdig, pan chi lawr ma' pawb yn demshil arnoch chi. 'Wi'n dangos 'y nanedd, dala ngefen lan ond ma' nhw'n poeri ar fenyw wrth ei hunan.

Dyn yn y tŷ. Bydde'r plymar yn dod bydde'r dyn bach 'na lawr llawr yn 'y nghyfarch i'n gwrtais bydde'r cymdogion yn cied eu penne. Blydi hel 'wi ishe parch, gŵr, mab, cartre, jest fel pawb arall.

Bydd e'n neis mynd â bachgen bach un ar ddeg i'r syrcas, i'r sŵ. Bydden i ddim yn hir yn ca'l siâp arno fe. O'dd e'n rwyddach na Sylvia. O'dd hi'n llond llaw o'dd hi'n sofft a'n slei fel Andrew'r falwoden.

O, dwi ddim yn bio'i druan fach, nethon nhw gyd ei throi hi yn 'yn erbyn i, o'dd hi jest yn yr oedran pan ma' merched ifanc yn casáu 'i mame. Casineb yw e ond ma' nhw'n galw fe'n ansicrwydd. O'dd Melanie mas o'i chof gwyllt pan wedes i wrthi i ddarllen dyddiadur Catrin. O'dd well 'da hi bido dishgwl, fel y menwod 'na sy' pallu mynd i weld doctor rhog ofon bod cansar arnyn nhw, fel 'na allwch chi bara i fod yn fami fach neis i ferch fach neis. O'dd Sylvia ddim yn neis, sylweddoles i 'na pan ddarllenes ei dyddiadur hi ond 'wi'n gwynebu pethe fel ma' nhw. O'n i ddim yn becso gormod. O'n i'n gwbod taw 'na gyd o'dd raid i fi neud o'dd aros a rhyw ddiwrnod byddei'n diall a byddei'n gwei'thon nhw i stwffo fe lan eu tine taw fi o'dd yn iawn.

Dwi'n amyneddgar, nes i riôd ei thwtso hi. Dishgwles i ar ôl 'yn 'unan wrth gwrs wedes i wrthi 'Dynni 'di mono i lawr'. O'dd hi'n stwbwrn, a'th hi mlân a mlân, am orie am ddyddie, am ddim byd o gwbwl, o'dd dim rheswm 'da 'i weld Trystan 'to.

'Sneb yn gwbod yn well na fi bod ishe tad ar ferch ond wedodd neb eriôd bod ishe dou arni ddi.

O'dd Andrew wedi bod yn hen ddigon lletchwith, gymrodd e'r cwbl o'dd y gyfreth yn caniatáu a mwy, o'dd rhaid i fi ymladd e bob cam. Bydde fe wedi strwai'n rhacs san' i ddim wedi rhoi stop arno fe. Y ffroge o'dd e moin iddi ga'l o nhw'n gywilyddus! O'n 'i ddim ishe'n ferch i i droi i mewn i hwren fel 'yn fam.

Saith deg o'd, dangos eu phlinie paent ar ei gwyneb. Groeses i'r hewl pan weles i 'ddi ar y stryd diwrnod o'r blân. Bydden i di edrych fel ffŵl sa' hi 'di trial bod yn gyfeillgar a golwg fel 'na arni 'ddi.

'Wi'n siŵr bod ei thŷ hi fel twlc yr arian mae'n wasto'n neud ei gwallt alle 'i dalu rhywun i gnau.

Sgrechen werthin canu ma' nhw'n feddw dwll yn barod lan lofft ma'r ffiasco'n parhau.

Ma' nhw'n neud fi'n dost, ma' blas cas yn 'y ngheg i a sa' i lico golwg y ddou dwmpyn 'ma ar dop yng ngo's i, 'wi'n garcus dim ond pethe iach 'wi'n byta ond 'sdim glanweithdra i ga'l yn y byd 'ma. Nage jest y ceir a'r ffatrïoedd sy'n llygru'r aer ond y miliyne o gege brwnt sy'n llyncu fe mewn a hwdu fe mas o fore gwyn tan nos; pan 'wi'n meddwl bo fi'n nofio yn eu anal nhw 'wi ishe hedfan i'r anialwch shwd mae cadw corff glân mewn byd mor bwdwr?

Sa' ni'n mynd yn dost bydde neb yn boddran dishgwl ar 'yn ôl i. Allen i gonco mas yng nghalon fach i wedi danto, bydde neb yn gwbod dim. Ffinden nhw gorff yn pwdru tu ôl i'r drws, yn drewi, pwll brown o 'dano fi, llygod mowr yn byta 'nhrwyn i!

Marw wrth 'yn unan, byw wrth 'yn unan, alla' i mo'i odded

e. Ma' raid i fi gal dyn, licen i sa' Trystan yn dod nôl. 'Wi'n marw ar 'yn nhrad yn bedwar deg tri 'wi'n rhy ifanc mae e'n annheg, 'wi ishe byw. Ges i 'ngeni i ga'l amser da – car, fflat, dillad – y cwbwl.

Dalodd Ffreddie heb drwbwl, heblaw am dym bach o sbri yn y gwely o'dd e'n ŵr bonheddig. O'dd e jest ishe cysgu 'da fi a dangos fi *off* yn y clwbe ffasiynol o'n i ar 'y 'ngore yn amser gore i.

'Wi'n dost i gyd wrth gofio'r amser 'na 'sneb yn mynd â fi mas rhagor 'wi jest yn ishte fan 'yn wrth 'yn 'unan, a 'wi'n sic o fe, sic o fe, sic o fe, sic o fe, sic.

Damo'r Trystan 'na, 'wi ishe fe i fynd â fi mas am fwyd, ne i'r theatr. Doda i 'nro'd lawr – dwi ddim yn neud e digon. Mae e jest yn dod fan 'yn naill ai wrth ei 'unan ne 'da'r plentyn yn gwenu'n seimllyd a diflannu ar ôl awr. Dim hyd yn o'd Blwyddyn Newydd Dda fach – heno o bob noson. 'Wi'n ddiflas, o, 'wi'n ddiflas – ma fe'n greulon.

'Sen i'n gallu cysgu bydde fe'n paso'r amser ond ma'r sŵn 'na tu fâs.

Maen nhw'n wherthin yn slei tu fewn i 'mhen i. 'Ma hi wrth ei hunan'. Gewn nhw sioc pan deiff Trystan nôl. Deiff e nôl 'na i'n blydi siŵr o 'ny. Af fi mas i brynu dillad newydd, gaf fi bartis – partis *cocktail*. Bydd 'yn lun i yn *Vogue* mewn ffrog gwddwg ishel. 'Sdim cywilydd 'da fi o 'mronne.

''Chi 'di gweld y llun 'na o Muriel yn *Vogue*'? Gi'iff hwnnau'u penne nhw a bydd Ffransis yn sôn am ein trips ni i'r sŵ, i'r syrcas, i sglefrio – strwa' i fe'n rhacs, gewn nhw dagu ar eu celwydd a'u henllib. Mam yn cenfigennu 'i merch.

Dwlodd hi fi i frichie'r Andrew 'na i ga'l gwared ohono'i.

Hen dric brwnt, hwpo fi mewn i'r briodas 'na – fi mor nwydus yn llosgi fel fflam, a fe a'i galon ôr a'i goc fel *chipolata*. Bydde ni 'di gwbod yn gwmws pwy bydde' 'di siwto Sylvia. O'n i'n rheoli 'ddi o'n i'n bendant, ond o'n i'n annwl da'i 'fyd, wastod yn barod am *chat*, o'n i moin bod yn ffrind iddi bydden i wedi cusanu dwylo'n fam i sa' 'i di treto fi fel'na.

Ond bois bach, o'dd Sylvia'n ferch anniolchgar. Mae hi wedi marw – so? Dyw'r meirw ddim yn saint. O'dd hi pallu cydweithredu, pallu trysto fi. O'dd rhywun yn ei bywyd hi – bachgen neu merch falle, ma'r genhedlaeth 'ma mor od, pwy a ŵyr? Ond o'dd hi mor garcus ffiles i ffindo dim byd hyd yn o'd ar ôl iddi farw.

O'dd hi'n grac jest achos bo' fi'n neud 'yn nyletswydd fel mam. Fi'n hunanol! Pan redodd hi bant at ei thad bydde fe di bod yn well i fi 'sa 'i di aros 'na. Hebddi hi o'dd siawns 'da fi i ddechre o'r dechre to. Er ei mwyn hi nes i'r ffŷs 'na 'i gyd. O'dd e'n siwto Christine yn iawn. Tri o blant mowr tew a merch pymtheg o'd i 'neud y gwaith brwnt i gyd, yr un un fach o'dd dim syniad da 'i, gwitho'i hunan lan o fla'n yr heddlu! – ie'r heddlu! Sa' i'n cwato'r peth. I beth ma' nhw dda te? Dala cathod strae? Gynigodd Andrew arian i fi am Sylvia! Ond dyw dynon yn pathetig? Ma' nhw'n meddwl bo' chi'n gallu pyrnu popeth, twll dîn ei arian e, ta pun i dyw e'n ddim byd i gymharu â beth 'wi'n ca'l 'da Trystan. Hyd yn o'd sa' ni'n erbyn y wal werthen i mo'n ferch. 'Gad hi fan'na,' wedodd Donna, 'dyw'r plentyn yn ddim byd ond pen tost'. Dyw hi ddim yn deall beth yw mam, dyw hi rio'd wedi meddwl am ddim ond ei phleser ei hunan. Ond gallwch chi ddim jest cymryd trw'r amser ma' raid i chi wbod shwt i roi.

O'dd gyment 'da fi i roi i Sylvia, bydden i 'di neud merch dda ohoni ddi – o'n i ddim yn dishgwl dim byd 'nôl. Roies i bopeth iddi ond 'nath hi riôd werthfawrogi.

O'dd e'n naturiol i fi fynd at ei hathrawes hi am help, yn ôl ei dyddiadur o'dd Sylvia'n addoli ddi! O'n i'n meddwl byddei'n cied ei phen, yr hwch ddeallus. 'Sdim dowt bod lot mwy rynton nhw na allen i ddychmygu ma'r bobol clefar 'ma gyd yn hoyw.

Sylvia'n conan wedyn a'n fam i'n cyhoeddi ar y ffôn bod dim hawl 'da fi i ymyrryd â ffrindie'n ferch! 'Na'r gair defnyddiodd hi – ymyrryd!

'Wel wrth gwrs nest ti riôd ymyrryd a 'wi'n erfyn arnot ti, paid a dechre!' Jest fel'na, a dodes i'r ffôn lawr.

Bydde Sylvia wedi sylweddoli yn y diwedd. 'Na beth gwplodd fi yn y fynwent. Wedes i wrth 'yn 'unan, 'jest tym'bach fwy o amser a bydde 'i wedi gweld bo fi'n iawn.' Alla' i byth â godded cofio'r awyr las y blode i gyd, Andrew'n llefen o flân pawb. Jiw Jiw ych chi'n goffod dala, dales i er bo fi'n gwbod yn iawn na ddelen i byth drosto fe.

Fi o' nhw'n claddu. 'Wi wedi ca'l yng nghladdu. Gytunon nhw rynt ei gilydd i gladdu fi'n ddwfwn. Hyd yn o'd heno 'sdim sôn amdanyn nhw. Ma' nhw'n gwbod yn iawn taw ar nosweithe fel hyn pan ma' pawb mas yn enjoio'u hunen . . . 'na pryd ma' bobl unig . . . bobl sy' wedi colli rhywun agos . . . yn debygol o ladd eu hunen. Bydde fe'n siwto nhw'n iawn sa' ni'n diflannu – dwi'n blydi niwsans. O na – gewn nhw mo'r pleser.

Dwi ishe bod yn fyw, dod yn fyw 'to. Deiff Trystan nôl ato'i gaf fi gyfiawnder, daf fi mas o'r twll uffern 'ma.

Se' ni'n siarad 'da fe nawr deimlen i'n well, falle gallen i gysgu. Mae e bownd o fod gartre, mae e wastod yn mynd i'r gwely'n gynnar. Mae'n safio'i hunan.

(Mae'n deialu)

Paid â cynhyrfu, bydd yn gyfeillgar, dim anghytuno ne' bydd y noson yn ffradach.

Dim ateb. Dyw e ddim 'na ne' dyw e ddim ishe ateb. Mae e wedi datgysylltu'r ffôn er mwyn pido gwrando. Ma' nhw'n barnu condemnio, byth yn gryndo. Ddo' ballodd e adel i fi weud cwarter beth o'n i moin gweud. O'n i'n gallu clywed e'n cysgu pen arall y ffôn. Chi'n moin roi lan.

'Wi'n rhesymu 'wi'n esbonio 'wi'n profi; cam wrth gam, 'wi'n arwain nhw at y gwirionedd, 'wi'n meddwl bo nhw'n dilyn a pan 'wi'n gofyn 'beth 'wi newydd weud?' dy'n nhw ddim yn gwbod – gwlân cotwm yn y clustie. Andrew yw'r pencampwr ond dyw Trystan ddim yn bell ar ei ôl e – a Sylvia . . .

'Beth 'wi newydd weud Sylvia?'

'Wedes ti pan bydd rhywun yn anniben yn y pethe bach 'ma nhw hefyd yn anniben yn y pethe mawr, a ma' raid i fi dacluso'n stafell cyn mynd mâs.' A'r diwrnod wedyn; dyw hi ddim yn tacluso fe.

Hyd yn o'd pan dwi'n gorfodi Trystan i ryndo 'sdim ateb 'da fe. Ma' bachgen ishe'i fam, 'dyw mam ddim yn gallu bod heb ei phlentyn, mae e mor amlwg gall neb wadu'r peth.'

Wel mae e'n mynd am y drws, rhedeg lawr y stâr pedwar ar y tro a fi'n sgrechen ar ei ôl e. Ond 'wi'n stopo'n 'unan yn wdw 'i, lle bo'r cymdogion yn meddwl bo fi 'di craco. Y llwfrgi, mae e'n gwbod bod fi'n casáu sgandal, ma' nhw'n meddwl bo fi'n ddigon od yn y lle 'ma'n barod a 'sdim rhyfedd ma' nhw i gyd mor *bizarre* – mae e bownd o ga'l effaith arno' i.

O, bygro fe. O'n i wastod yn bihafio mor blydi berffeth. O'dd dim ots 'da Trystan – werthin yn uchel, siarad yn gwrs. O'n i moin iddo fe farw pan o'dd e'n ware 'mboiti 'da Sylvia o fla'n pawb.

Mae'r gwynt wedi codi! Mae'n 'wthu fel y jiawl. Bydde trychineb yn neis . . . cliro popeth mas o'r ffordd yn cynnwys fi – teiffŵn, seiclôn – marw – ca'l rest fach jest bo neb ar ôl i feddwl amdano' i, pawb i suddo i ebargofiant, 'wi 'di blino'u ymladd nhw. Gaf fi mo'n nheiffŵn. 'Wi byth yn ca'l beth 'wi moin. Dim ond hen wynt bach cyffredin yw e hwthiff cwpl o lechi bant. Ma' popeth mor bitw yn y byd 'ma fi yw'r unig un â'r breuddwydion mawr, a beth 'wi well o reiny?

Sa' ni 'di ca'l gafael arno fe ar y ffôn sa' ni di ca'l *chat* fach neis, bydden i 'di tawelu lawr.

Y jiawl! 'Wi fan 'yn yn cofio am bethe sy'n torri 'nghalon i 'wi'n ffono fe a dyw e ddim yn ateb.

Paid â beirniadu fe paid â dechre beirniadu fe ne' strwi di bopeth.

Ma' ofn fory arno' i. Ma' raid i fi fod yn barod erbyn pedwar a sa' i 'di cysgu winc.

Af fi lawr i byrnu bishgis bydd Ffransis yn demshil mewn i'r carped doriff e un o'r *ornaments* lletwith fel ei dad – llwch sigaréts yn bob man a os wedai rwbeth eiff Trystan lan y wal.

Dyw e riôd wedi gallu diall pam mae e mor anferthol o bwysig bo fi'n cadw trefen ar y tŷ. Ar hyn o bryd 'ma'r stafell 'ma'n berffeth, fel pin mewn papur mae'n shino fel y lliad 'slawer dydd. Fory am saith bydd popeth yn fochaidd, a bydd rhaid i fi g'nau e i gyd, a byddai wedi blino shwd gyment mae'n hala fi flino shwd gyment esbonio popeth iddo fe o'r dechre i'r diwedd. Mae e mor stwbwrn.

'Na dwpsen o'n i'n gadael Ffreddie i fynd 'da fe. O'dd Ffreddie a fi'n diall ein gilydd, o'dd e'n talu o'n i'n gorwedd – glanach o lawer na lot o hen eire pert. Dwi rhy sofft. O'n i'n meddwl bod e'n brawf o'i gariad anhygoel e pan gynigodd e briodi fi a wedyn o'dd Sylvia 'da fi o'n i moin iddi gael cartre iawn, mam barchus, gwraig briod gwraig rheolwr banc.

Laddes i'n 'unan yn diddanu'r holl bobl ddiflas 'na. 'Sdim rhyfedd bo' fi'n 'hwthu lan nawr ag yn y man.

'Nage fel'na 'ma trafod Trystan' medde Donna a wedyn 'wedes i 'tho ti.'

O'dd Trystan yn troi arno 'i a o'dd e'n gwbod 'ny. Dyw bobl ddim yn gallu derbyn y gwir, ma' nhw moin i chi gredu'u gire ffansi nhw ne' o leia' jocan bo' chi yn.

O'dd e'n dân ar 'y nghrôn i i glywed e'n pregethu, a'r twpsod 'na i gyd yn penlinio o'i fla'n e. Stables i ar ei geirie pwysig nhw gyda'n sgitshe mowr trwm – cynnydd, cyfoeth, dyfodol dyn, hapusrwydd, dynolryw, cymorth i'r trydydd byd, heddwch byd eang.

Dwi ddim yn hiliol ond twll dîn yr Almaenwyr a'r Ffrancwyr twll dîn y Tsieiniaid, y Rwsiaid Americanwyr

Saeson, Cymry twll dîn dynolryw – beth 'ma dynolryw wedi neud i fi 'rio'd? 'wi'n gofyn i'n 'unan.

Os odyn nhw'n ddigon twp i ladd ei gilydd, saethu'i gilydd, bomio'i gilydd 'hwthu'i gilydd lan 'sa' i'n mynd i iwso'n lyged i i lefen. Ta beth i mae'n helpu 'da'r broblem gorboblogi ma' pawb yn cytuno bod gormod ohonon ni.

Bydden i ffili godded bod fel y ddiar â'r holl bryfetach 'ma ar 'y nghefen i shiglen i nhw bant.

Bydden i'n hapus i farw se' nhw'n marw 'da fi.

Pam ddylen i fecso am blant sy'n golygu dim byd i fi. Mae'n ferch i wedi marw a'n fab i wedi'i ddwgyd.

Mae 'di tawelu lan lofft. Ma' nhw 'di stopo danso. 'Wi'n gwbod beth ma' nhw'n neud – ma' nhw wrthi ar y gwelye ar y soffas ac ar y llawr mewn ceir, awr yr hwdu mawr, twlu'r twrci lan, y cafiar ma' fe'n fochedd. Ma' teimlad 'da fi bo' fi'n gallu gwynto hŵd – 'wi'n mynd i losgi un o rein.

(*Cynnu* joss stick)

Yr awr dywyll.

Mae'n gwynto fel angladd.

Canwylle blode arch. Dim gobeth. Wedi marw. O'dd e ddim yn bosib. Ishteddes i ar bwys ei chorff hi am orie'n meddwl 'na fe ddiniff hi, fe ddina i.'

Gyment o ymdrech o ymladd o aberth – i ddim. Gwaith 'y mywyd i wedi diflannu fel mŵg. Fe ofales i rhag pob damwen ac fe ddigwyddodd y ddamwen greulona.

Mae Sylvia wedi marw. Pum mlynedd yn barod. Mae wedi marw. Am byth. Galla i mo'i odded e. Help mae'n neud drwg mae'n neud gormod o ddrwg, cerwch â fi o 'ma, sa' i ishe'r torri lawr i ddechre 'to – na helpwch fi, fi ffili godded e rhagor pidiwch a gadael fi wrth 'yn 'unan.

Pwy alla' i ffono? Andrew? Na, ddode fe'r ffôn lawr mewn

wincad, o'dd e'n blybran o flân pawb, ond heno mae'n stwffo'i unan, enjoio'i hunan – a fi sy'n cofio a llefen. 'Yn fam i? Wedi'r cwbwl ma' mam yn fam sa' i 'di neud dim byd iddi, hi strwodd 'y mhlentyndod i, hi insyltodd fi, hi o'dd â'r *cheek* i weud . . .

(Deialu)

'Wi moin iddi dynnu 'i gire nôl, alla' i ddim cario mlân â'r llaish na yn 'y mhen i, 'sdim un merch yn gallu godded ei mam yn rhegi 'ddi hwren ne beidio.

Ti ffonodd fi – 'wi ffili credu'r peth chwaith ond galle fe ddigwydd rhyw nosweth. Meddwl bo fi'n ishel gweud wrth d'unan gall pethe ddim para'n wael rhwng mam a merch 'sbo nhw'n marw yn enwedig pan mae'n anodd gweld shwt alli di feio fi . . . Paid â gweiddi fel 'na Mami.

(Ffôn lawr)

Mae 'di roi'r ffôn lawr. Ma'i ishe llonydd. Y bitsh. Mae'n rhegi fi, ma' rhaid i fi gied ei phen hi.

Y casineb! Mae wastod wedi casáu fi. Laddodd hi dou aderyn priodi fi i Andrew – o'dd hi'n hapus o'n i'n ddiflas. O'n i ddim ishe gweud e 'wi rhy lân, rhy wyn ond mae'n berffeth amlwg.

Bachodd hi fe yn y dosbarth aerobics lyncodd hi fe'n gyfan y slwt. 'Sda fi gynnig i fel 'ma'r menywod parchus 'ma'n ca'l rhyw. O'dd hi'n rhy hen i gadw fe defnyddiodd hi fi werthin tu ôl i 'nghefn i a dechre 'to. Pan gyrhaeddes i gartre heb wbod iddi a'th hi'n goch i gyd.

Pan 'chi'n cyrraedd eich hanner cant 'wi'n credu ddyle chi stopo. Stopes i'n bell cyn i fi golli Sylvia. 'Sdim diddordeb 'da fi, 'wi 'di bloco, 'wi byth yn meddwl am y pethe 'na, ddim hyd yn o'd yn breuddwydo amdanyn nhw.

Yr hen iâr, mae'n boddi 'unan mewn sent ond mae'n drewi. Paent a phwdwr o'dd hi byth yn golchi – ei mab! Ei mab yng nghyfreth! Mae'n troi arno'i.

O'n nhw'n gweud bo' meddwl brwnt 'da fi. O'n nhw'n gwbod beth o'n nhw'n neud. Os o'ch chi'n gweud bo' nhw'n cerdded mewn cachu, o'n nhw'n gweud taw chi o'dd wedi trochi'ch trad.

Bydde'n ffrindie i gyd wedi lico cysgu 'da 'ngŵr i ma' menywod i gyd yn *slags* odd e'n gweud bo fi'n ofnadw dyw cenfigen ddim yn ofnadw, ond ma' cariad iawn yn crafu. Dwi ddim yn un o'r rheina sy'n folon rhannu – o'n i'n moin i ni fod yn gwpwl tidi, cwpwl parchus.

'Sneb yn werthin ar 'y mhen i. Pan 'wi'n dishgwl nôl ar yng ngorffennol 'sdim cywilydd arno'i.

Ond 'na fe, fi yw'r deryn du gwyn. Druan o'r deryn du gwyn. Neb i ga'l 'da 'i.

Licen nhw ddodi fi mewn câdj. Cied miwn cloi miwn. Farwa'i o ddiflastod yn y diwedd. *Really* marw. Mae'n debyg taw 'na beth sy'n digwydd i fabis bach pan dy' nhw ddim yn cael digon o sylw – y drosedd berffeth dyw e ddim yn gadael marc.

Y twpsyn Trystan 'na, gwei'tho fi – cer ar dy wylie ma' digon o arian 'da ti. Digon i fynd ar wylie tsiep fel y tro 'na 'da Andrew.

Na fi mo hwnna 'to!

Dwi ddim yn *snob,* wedes i wrth Trystan sa' i ishe *hotels* y crach yn llawn menywod mewn cote ffŷr a dynon miwn iwnifforms yn agor y drws i chi – ond llefydd gwely a brecwast di-rân cafe's seimllyd – dim diolch – dillad gwely gwynt cas, tywelion brwnt, cysgu yn 'wys bobl eraill yn eu baw nhw byta 'da cyllyll a ffyrc heb eu golchi'n iawn alle chi ddala wain ne' *Aids* ne' rwbeth a mae'r gwynt yn troi arno' i heb sôn am fod yn rwym! Achos ma' mynd i'r tŷ bach lle ma'r byd yn mynd i'r tŷ bach yn stopo fi fynd! Sa' i ishe rannu brawdoliaeth y cachu.

A wedyn, beth yw'r pwynt mynd ar wylie wrth y'ch hunan? O'dd e'n sbri 'da Donna dwy ferch bert dwy ferch ifanc mewn car agored, gwallt yn y gwynt. Yn y nos ym Mharis ym Montmartre o'n i' werth 'yn gweld! Ond wrth 'yn unan! 'Yn oedran i, pwy siort o argraff chi neud ar y tra'th, mewn casino os nag os dyn 'da chi?

Ges i ddigon o adfeilion o amgueddfeydd 'da Trystan. Dwi ddim yn berson sy'n cynhyrfu wrth weld hen sheds a walydd yn cwmpo lawr.

Bobl y canrifoedd a fu! Pwy sy'n becso'r dam? Ma' nhw wedi marw, 'na'r unig fantais 'sda nhw droston ni ond pan o'n nhw fyw, o'n nhw 'run mor droëdig.

Swyn y gorffennol! Sai'n cwmpo am hwnna! Y baw a'r drewdod hen olch, coese cabedj, ma' rai'chi fod yn yffach o snob i lico pethe felna – a ma' nhw 'run peth yn bobman! Os odyn nhw'n stwffo *chips* ne' *paella* neu *pizza*, yr un hen short o bobl, yr un hen short o bobl troëdig y rhai cyfoethog yn demshil arnoch chi y rhai llwm yn moin eich arian chi yr hen bobl yn driflan y bobl ifanc yn snigran, y dynon yn llawn o'u hunen y menywod yn agor eu coese.

Wellden i ishte yn 'y nhwll bach i fan'yn yn darllen *thriller*, er bo' rheina'n *crap* erbyn hyn – a'r teledu – 'na chi lwyth o gachu! Dylen i fod wedi ca'l 'y ngeni ar blaned arall – golles i'n ffordd.

O's raid iddyn nhw neud y sŵn 'na jest o dan 'yn ffenest i? Y slwts yn eu minis, gobeithio gewn nhw ffliw, 'sdim mame 'da nhw. A'r bechgyn wedi siafo'u penne. Dy'n nhw ddim yn edrych yn lân iawn hyd yn o'd o fan 'yn. Sa' owns o sens 'da'r heddlu dwlen nhw nhw i gyd i'r jail. Bobl ifanc heddi! Ar gyffyrie, cysgu rownd, parchu neb. 'Wi'n mynd i dowlu bwceded o ddŵr drostyn nhw.

Na, allen nhw fwrw'r drws lawr torri ngwddwg i 'wi wrth 'yn unan, well i fi gied y cyrtens lle bo' nhw'n gweld fi.

O'dd merch Rose yn un ohonyn nhw a Rose yn ware'r wâr fowr o'n nhw wastod 'da'u gilydd yn sownd yn ei gilydd. Er bod hi'n dalai'n dynn, clatsio'i hyd yn o'd, o'dd hi ddim yn rhesymu da'i o'dd dim dal arni 'ddi, o'dd 'i'n wit-wat, 'wi'n casau 'wit-watrwydd.

Wel geiff Rose drwbl nes mlân. Fel wedodd Donna 'Deiff yr Angharad 'na gartre'n feichiog rhyw ddiwrnod'.

Bydden i 'di neud merch dda o Sylvia. Bydden i 'di prynu dillad neis iddi bydden i 'di bod yn browd ohoni ddi elen ni mas 'da'n gilydd.

'Sdim cyfiawnder i ga'l, 'na be sy'n hala fi *off* 'y mhen – yr anghyfiawnder. O'n i'n fam dda! Ma' Trystan yn cydnabod y peth, orfodes i fe i gydnabod y peth, a wedyn gweud nele fe rwbeth i osgoi gadael Ffransis 'da fi. Ma' dynon mor afresymol, gweud rwbeth, rwbeth a safio'u unan drwy redeg bant! Rhedeg lawr y stâr pedwar ar y tro a fi'n sgrechen ar ei ôl e. Ddyle fe ddim neud hyn i fi!

Fe fynna i ga'l cyfiawnder. 'Wi'n addo i'n 'unan. Gaf fi'n le yn y cartre, gaf fi'n le yn y byd. 'Na fi fachgen da o Ffransis welan nhw shwt fam wdw i.

Ma' raid i fi ennill ma' raid i fi ma' raid i fi ma' raid i fi ma' raid i fi – ddarllenai'r cardie *tarot* – os byddan nhw'n wael dwlai'n 'unan mas trw'r ffenest – sa' i moin neud 'na bydde fe'n siwto nhw'n rhy dda.

Meddwl am bethe eraill. Pethe hapus, y dyn bach 'na o Plymouth. Dim disgwyliade, dim cwestiyne, dim addewidion jest nidio mewn i'r gwely a caru. Barodd e tair wthnos a wedyn a'th e bant i Ffrainc. Lefes i lefes i. Ma' cofio amdano fe'n neud lles i fi. Dim ond unweth mewn o's ma' peth fel 'na'n digwydd. Trueni.

Pan 'wi'n meddwl am y peth 'wi'n gwei'tho'n hunan 'Bydden i 'di bod yn angel sa' rhywun wedi gwbod shwt i garu fi.'

Y cachwrs diflas droeon nhw i gyd eu cefne. 'Sdim ots 'da nhw am neb, gall pawb farw yn eu corneli. Gwŷr yn anffyddlon iddi gwragedd, mame'n ware 'mbiti 'da'u meibion, dim gair, gwefuse wedi gwinio'n garcus. Mae'n troi arno'i ma' nhw mor ddau wynebog.

78

'Mae dy frawd mor dynn 'da arian!'

Andrew dynnodd 'yn sylw'i ato fe, 'wi uwchlaw pethe fel'na, ond mae'n wir – o'n nhw'n stwffo tair gwaith gyment â ni wedyn bigitan am bopeth ar y bil. A wedyn Andrew'n gweud 'Ddyle ti ddim fod wedi gweutho fe.'

Gwmpon ni mas yn ofnadw ar y trath. Melanie'n llefen y glaw, dagre fel sâm yn rowlo lawr ei boche hi. 'Nawr bod e'n gwbod newidiff e' wedes i. O'n i'n ffŵl – o'n i'n meddwl bo nhw'n gallu newid, bo chi'n gallu addysgu pobl trw' rhesymu 'da nhw.

'Grynda Sylvia, meddylia, ti'n gwbod faint ma'r ffrog 'ma'n costi? A faint o withe nei di wishgo'i. Ewn ni â hi nôl'. Nôl i'r dechre bob tro. O'dd e'n yn 'yn ladd i.

Bydd Eifion yn dynn 'da'i arian 'sbo fe'n marw, Andrew yn fwy fyth o gelwyddgi slei ffals, Trystan wastad yn ddigonol – llawn o'i 'unan. Ma'n nhw'n wast o amser.

Ges i lond pen 'da Eifion pan dries i ddysgu Melanie shwt i wishgo.

'Ma hi'n ddwy ar hugen a ti'n trial gwishgo'i fel hen fenyw.'

Gariodd hi mlân i stwffo'i 'unan mewn i'r ffroge bach comon 'na! A wedodd Rose bo fi'n sbeitlyd.

Ges i air 'da hi 'mbiti teyrngarwch 'ma rhaid i ni'r menywod stico 'da'n gilydd. Pwy ddiolch ges i? Roies i fencyd arian iddyn nhw'n ddi-log – o'dd dim un o nhw'n ddiolchgar. Yr anrhegion brynes i'n ffrindie a gyhuddon nhw fi o dynnu sylw at y'n hunan! Ac fe ddiflannon nhw o gloi yr holl bobl nes i helpu a Duw a ŵyr nes i ddim cymryd mantes. Dwi ddim yn un o'r bobl 'ma sy'n meddwl bod hawl 'da nhw i bopeth fel *Aunty* Margaret.

'Tra bo ti ar dy wylie yn yr haf alli di fencyd dy fflat i ni?'

Yffach wyllt beth yw pwrpas gwesty? Os nagyw bobl yn gallu talu i aros yn Gaerdydd ma' raid iddyn nhw aros man lle ma' nhw. Ma' fflat rhywun yn sanctedd, bydde fe fel ca'l y'ch treisio. Fel ma' Donna'n gweud,

'Paid a gadael iddyn nhw dy fyta di.'

Ond bydde hi'n byta fi'n fyw. "Sdim ffrog 'da ti fencyd i fi os e? Ti byth yn mynd mas.'

'Wi byth yn mynd mas ond o'n i'n arfer mynd mas 'yn ffroge i ŷn nhw, yng ngote i'n llawn atgofion, sa' i moin hen hadoc yn gwishgo nhw yn 'yn le i. Bydden nhw'n gwynto.

Sa' ni'n marw bydde mami ac Eifion yn rhannu 'mhethe i – o na, dwi ishe byw 'sbo'r pryfed yn byta'r cwbl ne' os gaf fi ganser losga' i nhw. Ma' Donna 'di bo'n ware'r ffrind twymgalon yn ddiweddar, ond dyw hi ddim wedi boddran ffono fi heno. Pan ma'r hwrgi 'na o ŵr sy' 'da'i bant a 'sdim byd 'da'i neud mae'n drago'i hen ben ôl tew draw fan 'yn hyd yn o'd pan 'wi ddim ishe 'i.

Ond heno mae'n Nos Calan a 'wi'n unig a 'wi'n torri 'nghalon a ma'i mas yn danso a ca'l sbri a dyw hi ddim yn meddwl amdano' i am funed.

'Sneb byth yn meddwl amdano' i! Fel 'sen i 'di diflannu oddi ar wyneb y ddiar. Fel 'sen i riôd wedi bod.

Odw i'n bod? O, binshes i'n 'unan rhy galed bydd claish 'da fi.

Tawelwch. Dim car neb yn y stryd dim swn yn y tŷ; tawelwch marwolaeth.

Trw' 'mywyd i bydd hi'n ddou o'r gloch y prynhawn un dydd Mawrth ym mish Mehefin.

'Ma'r ferch yn cysgu'n rhy drwm, sa i'n gallu dino hi'. Neid'odd yng nghalon i redes i mewn yn galw.

'Sylvia wyt ti'n dost?'

O'dd hi'n edrych fel sai'n cysgu, o'dd hi'n dala i fod yn dwym, wedodd y doctor bod hi 'di mynd ers orie.

Sgreches i gerddes i rownd a rownd y stafell fel menyw *off* ei phen.

'Sylvia Sylvia pam wnes ti hyn i fi?'

'Wi'n gweld e gyd 'to – hi'n gorwedd yn dawel a fi'n wallgo', a'r nodyn bach iddi thad o'dd yn golygu dim byd dores i fe'n bishys o'dd e'n rhan o'r act, act o'dd e i gyd o'n i'n siŵr, 'wi yn siŵr – ma' mam yn nabod ei merch o'dd hi dim yn moin marw, nath hi gamgymeriad, nath hi farw. O'dd e'n ddychrynllyd!

Mae'n rhy rhwydd i ga'l gafel ar y cyffurie 'ma. Ma'r bobl ifanc 'ma'n bygwth lladd eu hunen am y peth lleia'. O'dd Sylvia'n dilyn y ffasiwn. Ddinodd hi ddim.

A fe gyrhaeddon nhw gusanon nhw Sylvia, cusanodd neb fi a waeddodd 'yn fam, 'Ti wedi'i lladd hi' 'yn fam 'yn fam 'yn 'unan. Gion nhw ei phen hi ond eu gwynebe nhw, y tawelwch, pwyse'r tawelwch.

Ie se' ni'n un o'r mame 'na sy'n codi am saith o'r gloch y bore bydden i wedi 'i safio, ond o'n i'n byw i rythm gwahanol – dyw e ddim yn erbyn y gyfreth, shwt o'n i fod i wbod?

O'n i wastod 'na pan da'th hi gatre o'r ysgol ma' lot o fame ffili gwneud 'na – wastod yn barod i siarad i ofyn cwestiyne, hi giodd ei hunan yn ei ystafell yn gweud bod hi'n gwitho. Nes i riôd ei ffili hi.

A'n fam i, nath 'yn esgeuluso i, gadael fi wrth 'yn 'unan, shwt alle'i?

O'dd dim syniad 'da fi shwt i ateb hi o'dd y gire'n mynd rownd a rownd yn 'y mhen i o'n i ffili meddwl yn streit.

'Sen ni 'di cusanu ddi'r noson 'na pan des i gatre. Ond o'n i moin iddi ga'l ei chwsg ac yn y prynhawn o'dd hi i 'weld fel se' hi'n hapus am newid.

Pôn y diwrnode nesa' o'n i'n meddwl bo' fi'n mynd i graco lan o leia ugen o weithie.

Ei ffrindie hi, athrawon yn dodi blode ar yr arch heb weud gair wrtho'i. Os ody merch yn lladd ei hunan bai'r fam yw e – fel'na o'n nhw'n gweld pethe trw' gasineb at eu mame 'u hunan. O'n nhw'n moin 'yn ladd i, buon nhw jest â llwyddo.

Es i'n dost ar ôl yr angladd. Wedes i wrth 'yn 'unan drosodd a throsodd – se' ni wedi codi am saith se' ni wedi cusanu 'ddi ar ôl dod gartre.

O'dd e fel se'r byd i gyd wedi clywed 'yn fam i'n gwaeddi, o'dd ofn arno' i fynd mas, o'n i'n cripad ar hyd y walydd, dododd yr haul fi yn y doc, o'n i'n meddwl bod bobl yn dishgwl, yn sibrwd, yn pwynto ato' i . . . 'na ddigon 'na ddigon wellten i farw'r funed 'ma na byw trw hwnna to. Golles i stôn a hanner; o'n i fel sgerbwd golles i malans o'n i'n stagro biti'r lle. Seicosomatig wedodd y doctor. Roiodd Trystan arian i fi fynd i'r *clinic*, o'dd e'n wallgo'r cwestiyne o'n i'n gofyn i'n 'unan, gallen i fod wedi mynd dros y dibyn.

Trial lladd ei hunan, ma' rhaid bo' hi moin strwa pethe i rhywun, ond pwy? Ddylen i fod wedi cadw llygad, ddylen i ddim fod wedi gadael hi mas o 'ngolwg i am funed, ca'l rhywun i ddilyn hi, gofyn cwestiyne, dinoethi'r person euog – bachgen, merch, y slwt 'na o athrawes. Ballodd yr ast sych symud modfedd yn ladd i da'i llyged. Nethon nhw mo 'nhwyllo i.

O'n i'n gwbod, ei oedran hi, a pethe fel ma' nhw, dyw e ddim yn bosib bod heb neb. Falle bod hi'n feichiog, neu wedi cwympo i afael rhyw lesbian neu crowd o feddwon, rhywun yn blacmelio hi, bygwth gweud popeth wrtho' i – o, sa' i moin dychmygu'r peth.

Gallet ti weud popeth wrtho' i Sylvia fach bydde ni wedi tynnu ti mas o drwbl. Ma' raid bod hi miwn trwbl i sgwennu at Andrew.

'Dadi madde i fi ond 'wi ffili godded rhagor.' O'dd hi ffili siarad 'da fe, na'r lleill, drion nhw gocso'i ond o'n nhw'n ddierth. Fi o'dd yr unig un o'dd hi'n gallu trysto.

Hebddyn nhw, heb eu casineb nhw, *bastards* o'ch chi jest â 'ngha'l i ond nethoch chi ddim, sa' i mynd i gymryd y bai 'wi 'di ca'l gwared o'ch euogrwydd chi.

'Sdim ofon eich casineb chi arno' i 'wi 'di codi uwch ei ben e' *bastards* – nhw laddodd hi. Dwlon nhw faw ato'i troi hi'n 'yn erbyn i treto i fel merthyr. O'dd hi'n lico fe, ma' bobl ifanc i gyd wrth eu bodde'n ware'r merthyr. Gymrodd hi'r peth o ddifri – o'dd hi ddim yn trysto fi, gweud dim wrtho' i, y gariad fach, o'dd hi ishe 'nghefnogaeth i, 'y nghyngor i. Amddifadon nhw hi, condemnio'i i dawelwch o'dd hi ddim yn gwbod shwt i ddod mas o fe wrth ei hunan. Cariodd hi mla'n 'da'r perfformiad a fe laddodd e hi. Llofruddwyr. Laddon nhw

Sylvia, 'yn Sylvia i, 'y nghariad fach i. O'n i'n caru ti.

Do's dim mam ar y ddaear galle dy garu di'n well. Feddyles i riôd am ddim ond dy les di.

Agorai'r albwm llunie. Edrych ar y Sylvias i gyd, gwyneb gwelw'r plentyn, gwyneb yr adolesent llawn cyfrinache 'wi'n edrych yn ddwfn i lyged y ferch un deg saith lofruddion nhw a 'wi'n gweud 'O'n i'n fam wych. Bydde ti 'di diolch i fi nes mlân.'

'Wi'n teimlo'n well ar ôl llefen a 'wi'n dechre teimlo'n gysglyd. Sa' i ishe cysgu ar y llawr, messan popeth lan 'to, cymryd y pils a mynd i'r gwely. Roiai'r cloc am ddeuddeg i ga'l amser i baratoi.

Ma' rhaid i fi ennill. Dyn yn y tŷ, bachgen bach i gwtsho'n y nos – yr holl gariad ma'n mynd i wast. A wedyn alla' i wella. Beth 'wi'n neud? 'Wi'n mynd i gysgu 'wi'n ymlacio – mae Trystan yn rhywun, ma' nhw'n ei barchu fe. Ma' rai' fi ga'l e ar 'yn ochr i; bydd rhaid iddyn nhw drin fi'n iawn wedyn.

Ffona i fe. Berswadia fe heno.

(Deialu)

'Ti ffoniodd fi? – o, o'n i'n meddwl taw ti o'dd e, o't ti'n cysgu, sori ond mae e mor neis clywed dy lais di, mae'n noson mor ofnadw, 'sneb wedi bod yn agos er bo' nhw'n gwbod pan y'ch chi 'di ca'l colled mawr bo' chi ffili godded partïon, yr holl sŵn a'r goleuade, ti 'di sylwi 'dyw Caerdydd erioed wedi bod mor llachar, ma' arian 'da nhw i wasto sa' well sa' nhw'n gostwng y trethi. 'Wi'n claddu'n 'unan gatre lle bo fi'n gorffod gweld e. 'Wi ffili mynd i gysgu, 'wi'n rhy drist, rhy unig, 'wi'n pendrwmu am bethe ma' rai' fi siarad 'da ti heb gwmpo mas, sgwrs neis gyfeillgar . . . grynda arno' i ma' be sy' 'da fi wei'tho ti'n bwysig iawn, gysga i ddim winc 'sbo fi wedi setlo . . .

(Saib)

Ti'n gryndo ond wyt ti?

'Wi 'di meddwl am y peth trw'r nos, o'dd dim byd arall 'da fi i neud. A gweud y gwir, alla' i wei'tho ti ma'r sefyllfa 'ma'n annaturiol, gallwn ni ddim cario mlân fel hyn, wedi'r cyfan, 'y'n ni'n dal yn briod, shwt wast dou le, alle di werthu di'n di am gwarter miliwn, a bydden i ddim yn dy ffordd di paid a becso dyw e ddim yn gwestiwn o ailafel mewn bywyd priodasol y'n ni ddim mewn cariad ragor, giai i'n hunan mewn stafell yn y cefn . . .

. . . Paid â torri ar 'yn nhraws i, galli di ga'l faint fynni di o ferched 'sdim ots 'da fi, ond gan bo' ni'n dala i fod yn ffrindie 'sdim rheswm pam na ddylen i fyw dan yr un to.

Ma' rhaid i ni er mwyn Ffransis . . .

Meddylia amdano fe am funed 'wi 'di neud dim byd arall trw'r nos a 'wi 'di danto. Mae'n ddrwg i blentyn os odiw'r rhieni wedi gwahanu ma'r plant yn mynd yn slei, yn sbeitlyd, ma' nhw'n gweud celwydd, ma' nhw'n ca'l cymlethdode, dy'n nhw ddim yn datblygu. Dwi'n moin i Ffransis ddatblygu. 'Sdim hawl 'da ti i amddifadu fe o gartre iawn . . . ond pan ŷn ni'n trafod y peth ti wastod yn trial dod mas o fe tro 'ma 'wi moin i ti ryndo arno'i . . . ti'n rhy hunanol, tym'bach yn anghenfiledd, cadw mab wrth ei fam, mam wrth ei mab. Heb reswm. 'Sdim arferion drwg 'da fi, dwi ddim yn yfed, dwi ddim yn cymryd cyffurie a ti 'di cydnabod bo' fi'n fam gwbl ymroddgar. Felly . . .

. . . Paid â torri ar 'yn nraws i. Os ti'n meddwl am dy fflings bach wedo i 'tho ti sai'n mynd i dy stopo di . . . Paid â gwei'tho fi bo' fe'n amhosib byw 'da fi, bo fi'n dy fyta di, dy ddefnyddio di. O'n i tym'bach yn anodd, mae e yn 'yn natur i i fod yn wyllt, ond se' ti 'di bod yn amyneddgar se' ti 'di trial 'yn neall i a gwbod shwt i siarad 'da fi yn lle pwdu, se' pethe 'di bod yn well rynton ni . . . wyt ti ddim yn sant chwaeth paid â twyllo d'unan, ond y gorffennol yw'r gorffennol; 'wi 'di newid ti'n gwbod yn iawn; 'wi 'di godded 'wi 'di aeddfedu 'wi'n gallu cymryd pethe o'n i ddim yn arfer gallu cymryd . . . Gad fi siarad 'sdim ishe iti

fod ofon cwmpo mas newn ni gyd-fyw yn neis a bydd yr un
bach yn hapus fel 'ma hawl da fe fod – dwi ddim yn gweld shwt
alli di wrthwynebu . . .

. . . Pam dyw e ddim yn amser da i siarad? Mae'n amser sy'n
siwto fi'n dda iawn. Galli di aberthu pum muned o gwsg i fi,
gysga i ddim winc 'sbo'r mater wedi setlo, paid a bod mor
hunanol mae'n ofnadw rwystro bobl i gysgu ma' nhw'n mynd
yn wallgo. Am bum mlynedd 'wi 'di bod yn pwdru wrth 'yn
'unan fel gwahanglwyf a'r *crowd* jiawl 'na'n wherthin am 'y
mhen i, ma' arnot ti lot i fi . . . gad i fi siarad . . . ma' arnot ti
ddyled i fi ti'n gwbod achos nest ti ddim bihafio'n dda iawn do
fe; wedest ti bo' ti'n dwli arno' i, gadewes i Ffreddie a'n ffrindie
i gyd, a wedyn droies ti dy gefn arno' i; pam wedest ti bo' ti'n
caru fi? Ambell waith fi'n gofyn i'n 'unan os taw jôc wael o'dd
e – ie jôc wael; mae'n blydi anghredadwy, un funed y cariad
mowr 'ma a'r funed nesa, dim byd . . . o't ti ddim yn sylweddoli
beth? . . . Paid â gweud bo' fi 'di priodi ti am dy arian, o'dd
Ffreddie 'da fi, gallen i fod wedi ca'l cannodd o ddynon, a 'wi'n
moin i ti ddiall bod bod yn wraig i ti ddim mor ffantastig a 'ny,
dwyt ti ddim yn ollalluog ta beth licet ti feddwl . . .

. . . . Paid a gweud hwnna 'to ne' bydda i'n sgrechen, wedes
ti ddim byd ond 'wi'n gallu clywed y gire'n rowlo rownd dy
ben di, cia dy ben, dyw e ddim yn wir, dyw e ddim yn wir, 'wi
lshe sgrechen, wedest ti bo' ti'n dwli arno' i a fe grodos i ti . . . na
paid a gweud, grynda Muriel 'wi'n gwbod dy atebion di ar 'y
nghof, ti 'di mynd drostyn nhw a drostyn nhw cannoedd o
withe, dim rhagor o gachu, dyw e ddim yn gwitho, a paid ag
edrych fel sa' ti 'di cyrraedd pen dy dennyn, ie fel sa' ti 'di
cyrraedd pen dy dennyn wedes i, 'wi'n gallu gweld ti yn y
derbynnydd. Ti 'di bod yn wa'th na Andrew – o'dd e'n ifanc
pan briodon ni, o't ti'n bedwar deg pump, dyle ti fod wedi deall
natur dy gyfrifoldebau. Ond, y gorffennol yw'r gorffennol.
'Wi'n addo pido beio ti, gewn ni wared o bopeth dechre o'r
dechre, dwi'n gallu bod yn annwyl, yn dyner ti'n gwbod os nag
yw bobl yn rhy gas i fi. Dere mlân, gweda bod e wedi setlo,

withwn ni ar y manylion fory . . . Jiawl ti'n arteithio fi jest achos
bo' fi ddim yn glafoerio drosto' ti, ond dyw arian ddim yn neud
argraff arno' i na swanc na gire *posh* 'Dim byth bythoedd,' gawn
ni weld. Siarada i 'da Ffransis, weda' i wrtho fe shwt un wyt ti.
Sa' ni'n lladd 'yn 'unan o'i flân e bydde hwnna'n rwbeth neis
iddo fe gofio yn bydde fe . . . Na dyw e ddim yn flacmel y
bastard dwl, gymre fe ddim llawer i fi ladd 'yn unan. Ddylet ti
ddim hwpo bobl yn rhy bell, ti ddim yn gwbod beth allen nhw
neud, ma' rhai mame'n lladd eu hunen a'i plant . . .

Bastard y cachwr, mae 'di roi'r ffôn lawr.

(Ailddeialu)

Dyw e ddim yn ateb, neiff e ddim ateb. *Bastard*.

Ma' 'nghalon i'n mynd, 'wi'n mynd i farw. 'Wi'n dost. 'Wi'n
rhy dost, ma' nhw'n 'yn ladd i modfedd wrth fodfedd, alla' i
ddim o'i odded e rhagor – a' i lawr iddi dŷ e, laddai'n 'unan yn
y stafell fyw, pan ddewn nhw nôl bydd gwâd yn bobman a
bydda i wedi marw – o fwres i fe rhy galed – 'wi 'di craco 'mhen,
nhw sy' ishe bwrw, na, na, af fi ddim yn wallgo, faedda' i nhw
ddalai 'nghefen lan ffinda'i ffordd.

Ond shwt, *bastards bastards* 'wi'n mynd i fogu ma' nghalon
i'n mynd ma' raid i fi dawelu lawr.

O Dduw. Plis gweda bo' ti i ga'l, gweda bod nefoedd a uffern
i ga'l. Gerdda i ar hyd hewlydd paradwys gyda 'machgen bach
i a'n ferch fach annwyl i, a byddan nhw i gyd yn gwingo yn
fflame cenfigen bydda i'n gweld nhw'n rosto a sgrechen a
bydda i'n 'werthin a 'werthin a bydd y plant yn 'werthin gyda
fi.

O Dduw ma' arna' ti'r dial ma' i fi a 'wi'n mynnu i ga'l e.

Sharon Morgan
Ystad Simone de Beauvoir

MÔR TAWEL

gan Ian Rowlands

Perfformiwyd *Môr Tawel* am y tro cyntaf yn y Theatr Elli, Llanelli ar 7 Awst, 2000. Hi oedd Drama Gomisiwn Eisteddfod Llanelli 2000:

Samwell: Dyfan Roberts

Cyfarwyddwr:	Ian Rowlands
Cynllunydd:	Sean Crowley
Goleuo:	Peter Higton
Sain:	Berwyn Morris Jones
Cyfieithu ar y pryd:	Richard Elfyn
Rheolydd llwyfan:	Darryl James
Is-reolwr llwyfan:	Simon Gough
Gwisgoedd:	Mark Drayton
Ar ran Theatr y Byd:	Liz Cowling
Marchnata:	Elinor Wyn Reynolds

Cyflwyniad gan actor

Mae'r llong ar fin ymadael. Criw o un fydd ar ei bwrdd. Saif yntau'r Hwyliwr yng nghysgod y cei, o olwg pawb, yn ystyried y fordaith o'i flaen. Clyw don ar ôl ton o anniddigrwydd disgwylgar o du'r dorf o dystion a oedd wedi ymgasglu ar y lan, a'u sôn am ei long ar led. Clyw fwmian eu lleisiau parablus yn y gwyll. Mae'r angor ar fin codi. Mae'r nerfau'n tynhau.

Geiriau, manylion, profiadau'r wythnosau diwethaf o baratoi yn fflachiadau mellt drwy ei feddwl. Deil ei hun yn breuddwydio – ac yn ffyrnig dorri'n rhydd. Canolbwyntio rŵan, canolbwyntio . . . Nid ar fanylion. Gorfodi ei hun i feddwl am y darlun cyfan. Rhoi ei holl ystyriaeth i'r llestr fydd yn ei gario ar hyd ei daith. Y llestr y bu nifer yn gyfrifol am ei pharatoi ar gyfer y diwrnod mawr. Y Saer fu wrthi'n adeiladu yn gariadus dros gyfnod, yn ddyfal gasglu deunydd o bedwar ban byd, a'i osod at ei gilydd, pren wrth bren. Pennu dyddiad y lansiad gan Feistr yr Harbwr. Yr Hwyliwr yntau ymhen y rhawg, yn gweld am y tro cyntaf gragen y cerbyd y bydd ef yn gyfrifol am ei lywio. Y siâp yn glir, ond bod angen gwaith ar y manylion, a chryfhau'r darnau simsan. Gweithio arni'n ddyddiol o hyn ymlaen. Torri fan yma, ychwanegu darn fan draw. Esmwytho'r corneli, llyfnhau'r onglau. Ei naddu i hwyluso'r hwylio drwy eigion styfnig. Ei gwneud yn sownd, sicr i wynebu'r tonnau – neu mor sownd ag y gall unrhyw ddwylo dynol ei gyflawni, o fewn yr amser, cyn dydd y Prawf Mawr, y Fordaith Forwynol. Erbyn hyn mae pob rheffyn yn dynn, pob ystyllen wedi ei hoelio, pob hoelen wedi ei sicrhau, a'i hailsicrhau . . . a chriw'r doc yn dal i archwilio pob manylyn ar y munud olaf hwn. Cyfrifoldeb yr Hwyliwr fydd hi cyn hir. Ef fydd pia'r geiriau a'r gweithredoedd all ei chadw i'w llwybyr siartredig. Ei gof a'i ysbrydoliaeth ef fydd yn ei llywio drwy gerrynt a chreigiau i ben y daith . . .

Mae'r dorf fel un yn distewi'n sydyn. Ac o'r tu ôl i'r cwmwl daw haul disglair nes goleuo'r holl olygfa yn ei manylder lliwgar. Ac yntau'r Hwyliwr, ei galon yn curo wrth dderbyn gweddïau a dymuniadau twymgalon y gweithwyr ar y lan, yn camu ymlaen ar y bwrdd, gan gychwyn ar ei siwrnai ymchwil unig i chwilio am . . . am beth?

Beth sydd yn cymell person i lywio ei long ei hun fel hyn? Pa Ynys yr Hud sy'n ei ddenu i adael tir sych saff a rhoi ei hun ar ddrugaredd gwyntoedd ansicr? Ai'r wobr ariannol? Go brin. Byw ar y gwynt y mae morwr, ac actor, sy'n dewis troedio'r byrddau. Felly y bu hi erioed. Ai clod felly, cymeradwyaeth gwreng, sêl bendith brenhinoedd a charreg fedd barchus? Wel, mae'n dda ei gael o weithiau! Mae pob hen geffyl yn licio cael ei ganmol. A chan mai dim ond un sydd yna i'w ganmol, mae peryg i'r ganmoliaeth godi i ben yr un hwnnw, megis gwin melys. Ysywaeth, fel y gŵyr unrhyw forwr gwerth ei halen, mae llwyddiant bydol a chymeradwyaeth y dorf yn medru diflannu fel niwl y bore, a chedwir y fflagiau mewn drôr ar gyfer yr arwr dychweledig nesa.

Beth yw'r cymhelliad felly? Ai er mwyn y pleser, y wefr, yr ysbrydoliaeth a rydd y fordaith i eraill? Dyma ni'n cynhesu rŵan. Cedwir ymateb gonest a thwymgalon pobol i fordeithiau'r gorffennol fel trysorau annwyl yn y cof . . . Gŵr rhadlon y garej yng Nghrymych a ysgwydodd law am rai munudau heb fedru dweud dim ar ôl y sioe un dyn *Val*, yr athro Prifysgol a ysbrydolwyd gan y dehongliad o fywyd Lewis Valentine i dorri allan i ganu'r anthem genedlaethol ar ddiwedd y perfformiad yng Nghwm Gwendraeth, a'r gŵr arall hwnnw o Dalybont aeth yn ôl adref wedi'r un ddrama, ffonio'i ffrindiau, a dechrau cynllunio o ddifri i roi aelod seneddol dros Blaid Cymru yng Ngheredigion. Yna'r cwpwl hynaws o Fôn oedd yn sôn flwyddyn wedi'r perfformiad am gael eu hysgwyd gan *Y Môr Tawel* bron fel petaent newydd ei weld, y wraig yn Llanelli a dyngodd y bydd hi'n cofio profiadau dirdynnol Dafydd Samwell tra bydd hi byw, a'r deg prin a fentrodd i Theatr Felinfach i dystio mor astud un noson aeafol o Chwefror yn 2001. Dyna brawf pendant, gan rai o'r bobol a welodd ac a glywodd, o werth parhaol, eneidiol y fordaith unig.

Ond mae yna gymhelliad elfennol arall. Ar ddechrau fy siwrnai broffesiynol, yn y cyfnod hyfforddi cynnar hwnnw cyn mentro i'r dwfn, fe ddywedodd f'athrawes yr actores Beryl Williams wrth drafod yr alwedigaeth, fod rhywbeth mewn actorion sy'n eu cymell yn anorchfygol i ddangos eu hunain. Heblaw am y parodrwydd creiddiol hwnnw, fuasen nhw byth yn mentro datgelu, dinoethi, chwarae'r ffŵl o flaen y dorf. Nid hunan-dyb ffuantus mohono o angenrheidrwydd, nid rhyw fyfiaeth ormesol mynnu byw yng nghanol y golau calch yn dragwyddol. Diau fod elfen felly mewn rhai, ond mae 'na eraill yn y proffesiwn sydd â phersonoliaeth swil, mewnblyg a phreifat. Ac eto, dangoswch chi lwyfan iddyn nhw, a gweledigaeth geiriau dramodydd i'w dehongli, a chymeriad i gael cyfle i fynd dan groen ei ddynoliaeth anghyson ddoniol/ drist, a phwll diwaelod o syniadau ac emosiynau i'w hymchwilio a'u hymestyn . . .

A dyna'r geiriau allweddol. Ymchwilio ac ymestyn. Mae drama un person fel yr Iwerydd, Everest, Pegwn y Gogledd, fel bywyd, fel marwolaeth. 'Mae'n rhaid i ti fyned y daith honno dy hun . . . ' Mae o yno. Rhaid ei goncro. Mae'r Hwyliwr yn teithio, yn brwydro, yn wynebu, yn gorchfygu, yn glanio'n flinedig ar ryw draeth heulog. Ac yna, wedi peth ymgeledd, mae'n codi ar ei draed ac yn edrych o'i gwmpas am goed a saer i adeiladu llestr newydd, ac yn cynhyrfu wrth feddwl am fordaith newydd . . . nes cyrraedd unwaith eto i harbwr arall lle mae torf arall yn mwmian yn ddisgwylgar yn y gwynt, ac yntau a'i nerfau mor dynn a'r rigin yn camu ar fwrdd cwch newydd a chodi angor a hwylio tuag at orwel pellach, ar daith ymchwil ddiflino yr enaid . . .

H. Dyfan Roberts

Môr Tawel

gan Ian Rowlands

(Mae David Samwell yn hwylio storm ei freuddwydion mewn lit
bateau*)*

Samwell
Melltith ar y storm berffaith hon! Dwi wedi hen ymlâdd ar dôn
gron y tonnau'n fy siglo a'm sigo. Fy llaw! 'Neno'r tad, a wnaiff
rhywun gymryd fy llaw? Llaw llawfeddyg a fu unwaith mor
gadarn â'r graig ond bellach sy'n crynu fel cywilydd. Plethwch
bum bys am fy rhai i a thynnwch fi'n rhydd. Rhyddhewch fi!

O Dduw, gwn 'mod i am foddi rhyw ddydd. Pan ddaw yr awr
fe ddiflannaf, ond ddim eto! Myfi yw Dafydd Ddu Feddyg,
Derwydd o Orsedd Beirdd Ynys Prydain. Cyfarchaf y
cefnforoedd gyda 'Chariad, Cyfiawnder a Gwirionedd'. *Liberté,
Egalité et Fraternité!* Gyfeillion a gelynion oll, fe'ch caraf chi i
gyd. Gadewch i ni loddesta ar felysder siwgr sydd heb ei lygru
gan gywilydd caethiwo; dyro hanner pwys o ryddid i mi, Iolo!

O, Morganwg o Forgannwg. Mi fuaswn i wedi llythyru
ynghynt, ond rwy'n dioddef o felltith ein cenedl; y parlys mae'r
rhelyw'n ei deimlo wrth dorri gair ar bapur yn iaith ei fam.
Maddau i mi, ond nid yw'r iaith fain wedi'i llesteirio gan
dreigliadau tewion. *I blame the sea, it has bleached the Welsh out of
me.*

Anna, f'anwylyd, ai dy law di sydd 'ne? Mae'n hŷn na f'un i,
ond pa ots am oedran pan gaiff ei wisgo mor ddel gan ledi.
Edrycha arna i. Cymer fy llaw yn dy law di a'i dal yn agos at dy
fron. Rho fi ar dân, cynhyrfa fi. Abertha dy *Hymen* ar allor fy
chwant, neu o leia, gad i mi dywallt fy chwant i dros dy allor di.
O Dduw . . .

(Mae'n cyffwrdd â'i rannau rhywiol)

Am law! O, am law wywedig a gwag – diwerth!

Yn enw'r Tad a'r Mab a'r Ysbryd Glân, gadewch i ni weddïo law
yn llaw, cledr wrth gledr wrth i'r hwylbren rhacsio a chwalu. Ie,
pe hwyliwn ar hyd Glyn Cysgod Angau, nid ofnaf niwed, canys
yr Wyt Ti gyda mi . . . canys eiddot Ti yw y deyrnas, a'r nerth,
a'r gogoniant, yn oes oesoedd, Amen . . . *'A man over board! Reach
down into the waves, Master Bligh, sir. Reach down through the fish
and steal a little Islander from the seas.'* Cryfha fi, cymer fi o'r golau
berw sy'n tywyllu wrth i don ar ôl ton o biso Neifion wasgu
lawr, lawr.

Capten, fy nghapten celain. Gadewch i ni gyd-hwylio unwaith
eto a chwilio am diroedd coll mewn moroedd pell. Clywais sôn
am Terra Mirabilis, tywyswch fi yno. Pentiroedd gwyryf i'w
henwi a'r genethod prydfertha' yn ôl pob sôn . . . Sh . . . ddweda'
i ddim wrth Elizabeth, cris croes rhyngthom ni, a ni'n unig, syr.
Listiwch fi unwaith yn rhagor fel llawfeddyg ar y *Discovery* a
gadewch i ni weddïo am wyntoedd teg a rhyddid rhag y *pox!*

Ein Tad, yr hwn Wyt yn y nefoedd, fe'm drylliwyd. Dwi ar fin
suddo. *'All hands to the pumps!'* Mi 'sbydaf y dŵr, atal y gwaed
ond fedra' i ddim pwytho'r ffasiwn archoll – llawfeddyg ydwyf,
nid dwylo morwr 'di rhain . . .

(Mae'n yfed glasiad o Laudanum)

Yr wyf fi, David Samwell, swyddog gyda'r Llynges Frenhinol,
yn holliach ac yn fy iawn bwyll, am eich hysbysu mai dyma yw
f'ewyllys a 'nymuniad olaf. Rhoddaf fy nghalon i Gymru, fy
eiddo i'r Brenin a 'nghoc i ferched Tahiti. Yn enw'r Tad, Amen!

(Mae'r storm yn distewi)

Gosteg . . . llonydd . . . llonyddwch . . . gloywder. Ofnaf lonyddwch am ei fod yn corddi'r môr o golled . . .

Fe gollson ni'n tymor yn yr Antarctig, wrth i ni fesur bob trwyn creigiog, moel, lle doedd dim ond digalondid yn meiddio tyfu. Ymweld â llefydd na fu dyn erioed, yn sicr na fyddai'r un dyn call yn ein dilyn. Ac eto, be 'di sicrwydd mor bell, pell o Greenwich? Desolation Island. Darganfod potel wag, wedi'i selio â chwyr, yn hongian oddi ar graig yn gwatwar ein glanio. Y Sbaenwyr yn achub y blaen arnom ni. Cyrraedd o'n blaenau, Iolo! Rhag eu cywilydd! Rhaid unioni'r cam. Cyhoeddi'r gwir cyn i neb gamddeall – ein heiddo ni yw'r byd, nac anghofied neb hynny! Hir oes i'r Brenin Siôr, *Magnae Brittaniae*, Decembris, mil saith saith chwech.

Nadolig digon diflas gafwyd y flwyddyn honno, y criw yn rhynnu yn hirach na'r disgwyl ym moroedd oer y de. Daeth hi'n amlwg nad oedd modd rhoi cais am y North West Passage yr haf canlynol. Gyda Duw wrth ein llyw, fe hwylion ni ar drugaredd Ei wyntoedd hyd nes i hyrddwynt hollti mastiau'r *Resolution*. Bu *Deptford* yn air rheg ar dafod Cook, ond diolchgar oeddem ni oblegid i ni orfod newid cwrs a hwylio am Van Diemen's Land er mwyn trwsio'r difrod. Ac yn y fan honno, ddwedwn i Iolo, yno, yn Adventure Bay y bu dechrau'r diwedd. Gwn ei bod hi'n anodd ar y naw i 'nabod dechreuad unrhywbeth, ond rhaid ei adwaen oherwydd heb ddechreuad nid oes derfyn; artaith tragwyddol dyn, erchylldra rhy ddynol i'w ddychmygu, fy ffrind.

Fe'n croesawyd gan y brodorion lleol yn eu ffordd unigryw eu hunain drwy chwarae efo'u pidynnau – eu troelli nhw fath â cheidwad carchar yn byseddu'i oriadau'n gariadus. Roedd eu gwragedd yn noeth ac yn bla o chwain, ac yn sicr ddim at fy nant i. Mi lwyddais i wrthsefyll yr ysfa barhaol sydd ynof fi'r tro hwnnw, oedd yn anghyffredin braidd, o gofio nad oedd fy anghenion a'm chwantau i bron byth yn gwrthdaro. Dwi'n

Brotestant o ran anian, ond yn Gatholig o ran fy nhueddiad. Addolaf sancteiddrwydd yr wyryf lân a'r butain – ill dwy yn un. Prin 'di'r hyn sy'n troi arna' i, dwi wedi gloddesta a chael fy ngwala ar bob math o gnawd. Serch hynny, gwrthod danteithion merched Van Diemen wnes i – rhwydd hynt i ddynion Van Diemen iddyn nhw o'm rhan i!

Y fath ryddhad, Iolo, y fath ryddhad, pan ddaeth Cook i'r lan a datgan, *'I have altered my mind!'* Fe newidiodd ei feddwl! Fe newidioch chi'ch meddwl, syr! Doedd Cook byth yn newid ei feddwl. Mi oedd ei feddwl o yn gadarn bob tro. Fo oedd ein capten, yn llywio'n cwrs ar draws y dyfroedd tymhestlog. Ac eto, ar y dwthwn hwnnw yn Adventure Bay, gollyngodd yr helm ac fe droesom tuag at y gorwel treisgar. Efallai mai natur ansad y *Resolution* oedd yn ei felltithio fo; tynged ddu iard longau *Deptford* yn drysu'r dyn. Wnaeth Cook ddim arolygu'r darpariaethau ar gyfer ei drydedd mordaith mor drylwyr â'r ddwy gynt . . . esgeulusdod . . . camgymeriad . . . Beth bynnag oedd yr achos, roedd un peth yn sicr, dyma oedd dechreuad ein diwedd. *'Sail on, Master Bligh sir! Sail on to the Friendly Islands and hate!'* *'Aye, aye Captain!'*

Mae'n chwith gen i ddweud, ond does gan bobl Polynesia ddim amgyffred o gred gysegredig y Prydeinwr, mai fo sy'n berchen ar ei eiddo ei hun, ac eiddo pawb arall hefyd! Os oes 'na unrhyw gred yn gysegredig i bobl Polynesia, credo'r *recidivist* yw hwnnw; does ganddyn nhw ddim parch tuag at neb na dim; cnoi cil ar eich ymennydd, bachu'ch morthwyl, mae'r ddau beth 'run fath iddyn nhw. Dechreuodd yr holl ddwyn cyson dreulio amynedd Cook; cosbodd yr euog yn llym trwy dorri eu clustiau yn lân o'u pennau a pheri iddynt gael eu curo'n filain efo rhwyfau wrth iddyn nhw nofio tua'r lan efo hoelion yn dynn rhwng eu dannedd. *'Stick the bloody boat hook into them, sir!'*; brodorion wedi'u bachu fath â physgod, 'Ein capten, ac eto, nid ein capten,' sibrydion . . . sibrydion hen forwyr, hen forwyr a hwyliodd efo fo ar siwrneiau gynt . . . Sh, fy ffrind . . .

Roedd Capten Clerke, capten y *Discovery*, yn dioddef lawn gymaint o ddwylo blewog ond yn fwy trugarog tuag at y brodorion. Gorchymyn i bennau'r troseddwyr gael eu heillio ac yna'u taflu i'r môr i ddawnsio efo'r siarcod; ymddygiad oedd yn fwy cydnaws â swyddog a bonheddwr. Os ydym yn ymddwyn yn anwar tuag at anwariaid, ymhle fydd Dyn, Iolo, ymhle fydd Dyn? Gwareiddiad yn llithro o'n gafael . . . o'n gafael . . . Deallodd Clerke hynny, anghofio wnaeth Cook. Gallwn anghofio gymaint . . .

'The shame of our scars and crimes and brothers slain!' Tahiti! Ein bwriad ni yno oedd dychwelyd Omai, brodor o'r ynys yn ôl at fynwes ei deulu. Dewisodd deithio nôl i Lundain yn sgîl ail fordaith Cook. Cafodd ei foddio a'i fwytho'n ddwl gan bob ffŵl ym mhob salon yn Sodom gan gynnwys y Brenin Siôr ei hun. Diflannodd yr anwar gwyllt, ac yn ei le? Parodi o wareidd-dra, un rheg fawr o ragrith. Rhoesom iaith yn anrheg i'r anwar ac yntau, fel plentyn anystywallt yn ei hystumio'n hyll ar flaen ei dafod anfoesgar, barod. Buasai Theatr Drury Lane dan ei sang am flwyddyn efo'i berfformiad o'r *Mab Afradlon* petai rhywrai yn ei ysgrifennu o. Ysgatfydd ei fod yn destun digon priodol ar gyfer 'sgrifbin Cymraeg, Iolo!

Gyda llond ei freichiau barus o blu coch, am mai dyna yw arian yr ynyswyr, fe brynodd Omai ganŵ rhyfel i ymladd yn erbyn y Sbaenwyr, a'i fedyddio *The Royal George* yn deyrnged i'n brenin. A thra'n sefyll ar ben blaen ei ganŵ fath â llyngesydd yn arolygu ei lu, fe hwyliodd Omai ar y cyd â'r *Resolution* a'r *Discovery* at ynys gyfagos. Mewn gwirionedd, doedd y criw ddim yn awyddus i adael eu 'gwragedd newydd' ar ôl ar ynys Matavi. Y si ar led oedd miwtini, hyd nes i'r merched eu dilyn ar draws y cilfor. Ac yn y tawelwch cyn y storm, rhoddodd Cook ganiatâd i'r gwragedd fwrw'r nos ar y llongau efo'r criw. Gwranda . . . heddwch. Sh . . . Brawychus o lonydd, yntydi, fy ffrind?

Wedi tridiau o brynu a gwerthu moch, fe ofynnodd brenin yr ynys am rodd o ddwy afr. Dwy afr, cofia di, Iolo, fuasai dau fwch fawr o golled i'n hachos ni. Ond fe wrthododd Cook yn llwyr gan ddanfon mân betheuach, diwerth yn eu lle. Hen ddyn styfnig, styfnig, Iolo . . . O fewn y diwrnod, dygwyd dwy afr. Yn ei lid, gorchmynnodd Cook i'w ddynion esbonio i'r brodorion heb flewyn ar dafod, oni bai iddyn nhw ddychwelyd y geifr ar eu hunion, y byddai cosb.

Drannoeth, dychwelyd *un* afr fel arwydd o heddwch, ond nid oedd hyn yn plesio Cook. Nid oedd cael yr ynys gyfan ar eu gliniau yn erfyn am newid i'r ddedfryd yn tycio'r dyn 'run iot. Gorchmynnodd i bentrefi cyfan a phob cwch gael ei losgi. Blynyddoedd maith o waith yn wastraff, bywoliaeth cenedl gyfan wedi ei difa gan fflamau gwylltineb. Doedd neb yn cael blas ar y dinistr, neb, hynny yw, heblaw am Omai, mi ffaglodd hwnnw eiddo'i gyd-ddyn yn eiddgar. Llyncwyd yr ynys gan fflamau fel petai ei llosgfynydd wedi ffrwydro . . . yr awel fel ffwrnais, yn greulon o gynnes . . . deigryn ym mhob llygad, naill ai oblegid y mwg neu anobaith. Y byd i gyd yn crïo, pawb, hynny ydy, heblaw am ein tad; gwnaethpwyd ei ewyllys, daeth ei deyrnas, hyn oll heb iddo gau amrant, heb symud, Iolo, yn ddi-symud. Rhai diwrnodau yn ddiweddarach, rhuodd twymyn drwy rengoedd y criw. Credodd Anderson, llawfeddyg y *Resolution*, mai'r clefyd melyn oedd wedi eu heintio; i'r rhelyw, euogrwydd oedd y diagnosis, Iolo.

Yn fuan wedi hynny, fe adawsom ni Tahiti, a'r hwyliau'n llawn cywilydd. Y tro diwethaf i mi weld Omai, roedd yn sefyll ar flaen ei gwch rhyfel fath â rhyw gapten goc yn mynd lawr efo'i long. Druan â'r anwar di-glem, Iolo, ddylsem ni fod wedi'i saethu yn y fan a'r lle. Mi fase wedi bod yn fwy gonest na'i adael yn glynu fel gele wrth y gred ein bod ni'n malio'r un botwm corn amdano, y buasem ni'n dychwelyd i dendio'r goeden *shaddock* roddodd Cook yn anrheg iddo; gwyn eu byd y rhai gwirion, ar goll mae Crist o'r lli. Dim ond y storm sydd gyson. Damio'i wyneb yn codi o ddyfnderoedd atgof! *'J'accuse,'* mae'n ei sgrechian. 'Galw dy hun yn Gymro, Dafydd Ddu!' O, Iolo, Cymru yw'r wladfa gyntaf a'r olaf. Mae ein gorchfygiad yn gyflawn. Fe'm llethwyd yn llwyr. Melltith ar y cymylau du yma'n pwyso, gwasgu . . . tywyllu, cau'r awyr oddi wrtha' i.

Marw mae synhwyrau dyn wrth iddo heneiddio, bu farw fy rhai i'n annhymig oherwydd y gamdriniaeth roddais iddyn nhw. Duw a ŵyr, pryd oedd fy synhwyrau yn brathu'n fain fatha llafn llawfeddyg yn hollti natur o'i sternwm hyd at ei biwbis? O gath chwilfrydig, cana rwndi naw cynffon ar fy mhidlen, atgoffa fi o fywyd, lleddfa'r wanc sydd yndda' i . . . *masturbate. 'Master Bligh, what did that man say, sir?' 'He said land, sir!' 'Land, sir?' 'Discovery, sir,' 'Think of a name, sir, then rape it!'* Beth oedd cywilydd *cyn* i ni gyflawni'r weithred, y byd *cyn* i ni ei synhwyro? Pan o'n i'n hogyn ifanc yn Ninbych, mi gredais 'doedd 'na ddim byd yn bodoli yn Rhuthun. Ond y foment i mi gyrraedd Rhuthun, byddai'r dref yn dod yn fyw, fel pe bawn i'n dduw yn rhoi anadl einioes iddi hi; rhuddyn bodolaeth i Ruthun efo un edrychiad.

Gwelwyd dir ar Ionawr y deunawfed, mil saith saith wyth. Hyd y gwyddem ni, dim ond dŵr glas oedd rhyngom ni ac arfordir New Albion. O ganlyniad, roeddem ni'n chwilio am yr Amerig ar y gorwel. Y peth diwetha' oeddem ni'n ddisgwyl oedd mynyddoedd yn tyllu'r môr ac yn pwytho'r tir i'r cymylau – rhyw Olympws yn y Pasiffig. Na ddeffra'r duw sy'n cysgu, Iolo, na ddeffra'r duwiau, ddylsem ni fod wedi hwylio heibio a'u gadael wedi'u halltudio yn eu heddwch, ond darganfyddwyr oeddem yn hwylio rhag ofn i neb ein cyhuddo ni ar *Saint Cook's Day* o ddiogi mewn gwely yng Nghaer Ludd. Gwell angau na thir sych ac roedd gwynt o arall fyd yn llenwi'n hwylie. Shwsh . . . *Owhyhee . . . Owhyhee.*

Trwy darth y bore fe hwylion ni tua'r lan. Daeth llynges gyfan o Domasiaid allan i'n croesawu. Ar y cychwyn, fe gadwon nhw bellter oddi wrthym, tan i Cook eu denu efo sach o hoelion; prynwyd ffydd yn rhad yn y Môr Tawel; un hoelen, pris gwraig. Gyda llogell gyfan, roedd ffafrau pob dynes ar yr ynys yn eiddo i frenin yr hoelion, ac mi oedden nhw'n ferched nobl, rhaid dweud – cystal ag unrhyw ferch a welwyd ganddom hyd yma ym moroedd y de.

Esgynnodd y brodorion i'r llongau. Druan o'r diniweidiaid, yn syllu'n gegrwth ar drysorau'r duwiau, ninnau'n syllu'n ddigywilydd ar eu noethni pur oedd yn brydferthach fyth am i Cook wahardd unrhyw gyfathrach gyda'r brodorion, dim ond syllu oedd i fod, dim ond syllu – yr artaith mwyaf creulon a greodd dyn! *'We shall not be responsible for poxing the whole of Eden, Mr Bligh, sir. We are Christians.'* Cristnogion, myn coc Neifion! Morwyr 'den ni! Credwn yn unig ym mhŵer y tonnau, y storm anwar a chysur bron wedi mordeithiau meithion. Anna, paid â barnu, fy nghariad i. Mae fy synnwyr i o'r hyn sy'n weddus wedi hen bydru fel fy ngolwg, fy nghlyw, fy ngallu i sawru, i gyffwrdd, i flasu – fy synhwyrau i gyd wedi'u dryllio. Bellach dwi'n synhwyro y byd drwy atgofion llen gwawnaidd o opiwm. Maddau geiriau'r sawl sy' ar fin marw; 'den ni ddim yn adnabod cywilydd, Ewropeaid ydym, gwyn ein byd . . .

Hyd yn oed cyn i droed wen adael ei hôl ar draeth Eden, tywalltwyd gwaed Hawäiaidd. Collodd Williamson, trydydd lefftenant y *Discovery*, ei bwyll wrth geisio glanio ymysg torf o frodorion oedd wedi'u cynhyrfu'n lân gan y newydd-ddyfodiaid. Saethodd at ryfelwr a'i daro yn ei fron – bu farw yn y fan a'r lle, y tywod yn llyncu'r bai fel staen, ei waed yn llifo i ddyfnderau dwfn cefnfor o ddial. *'Aloha*, ddyn gwyn; cymer fy ngwraig, cymer fy mywyd, cymer fy nhir, ond mae 'ne bris i'w dalu, ac nid dyled i'w thalu â hoelion yw hi chwaith, cadwch rheiny ar gyfer croes eich Crist. Am dywallt gwaed, y pris yw gwaed. *Salve*, croeso. . . '

Am bump wythnos, ymorol am fwyd ym Mharadwys. Ond roedd Cook yn awyddus i fwrw ymlaen â'r fordaith, roedd ei reswm ar dân, a'i ddiffyg amynedd yn *scurvy* ar bob un o'n heneidiau briw . . . yn *scurvy* ar ein heneidiau briw, Iolo . . . Pwrpas ein mordaith oedd darganfod y North West Passage rhwng y Môr Tawel a Môr yr Iwerydd. Ein gwobr am hynny fuasai ugain mil o bunnau. Cook fuasai'n derbyn y siâr helaethaf, wrth gwrs, ond, mi fyddai pob un yn derbyn siâr yn ôl ei safle. Calon y gwir yw, y byse'n well gen i fod yn dlotyn ym mharadwys na hwylio, Iolo. *'Carpe diem, quam minimum credula postero.'* O'r fath brydferthwch, fy ffrind . . . y fath brydferthwch! *'Unfurl the mainsail, Master Bligh!'* *'Aye aye, captain.'* Torrwyd cwys tua'r gogledd, yn llawer rhy fuan, yn rhy fuan o'r hanner.

Gwyddai Anderson ei fod yn hwylio tua marwolaeth gynnar. Anodd cuddio'i fedd ei hun oddi wrth lawfeddyg. Mae'n dawnsio o flaen ei lygaid i rythm llif esgyrn sychion sy'n canu grwndi 'Jiwdas, gwella d'hun! Jiwdas, gwella d'hun!' Teimlai Anderson ym mêr ei esgyrn y byddai oerfel y gogledd yn ei fferru, yn gusan farwol, rewllyd. Sws tiwberculosis. Roedd ei stoiciaeth yn ddigon i wylltio sant. Cyfaddefodd y gwir i'w hun yn ôl yn Nhenerife, fisoedd cyn i mi gynnig ail brognosis.

Yn Tahiti, canfyddodd Anderson fod Clerke yn dioddef o'r un afiechyd, er nad oedd wedi cydio mor dynn ynddo fo. O'r diwrnod hwnnw, yr oeddent ill dau yn gyfeillion mewn gwaed; yn ffrindiau mynwesol i gyd-beswch a threulio wythnosau benbwy'i gilydd yn ystyried dyfnderau marmor y môr. Blwyddyn arall, a mordaith arall efallai, a phwy a ŵyr y byddai Duw wedi cynnig bedd sych, cynnes i'r ddau am dragwyddoldeb. Ond doedd hon ddim fel unrhyw fordaith arall, *'Request denied, sir!'* Fe'u condemniwyd hwy i hwylio'n ddiymadferth i mewn i lygaid y storm, i lygaid ei storm, fy ffrind – *'Nil desperandum'*.

Sledge Island – fe'i bedyddiwyd felly am i ni ddarganfod slej yno! Os ydi dyn yn medru dychmygu byd, mae'n cymryd mwy na byd o ddychymyg i'w enwi. Hunodd Anderson rhwng tri a phedwar y prynhawn hwnnw oddi ar Sledge Island; enw hyll, ynys hyll; roedd yn rhaid i rywun farw yno, mae'n debyg; mae pob craig yn mynnu ei haberth, Iolo.

O ganlyniad, cefais inne f'apwyntio'n llawfeddyg ar y *Discovery*. Llenwi 'sgidie'r meirw. 'Chollon ni braidd neb o'r criw ar y fordaith hyd hynny. Heblaw am William Bloom? Ai fo lithrodd drwy'r tonnau rhyw ddiwrnod pan oedd yn gweithio dros yr ochr? Wrth suddo i'r ewyn gwyn, taflodd ei law uwch y dŵr, estynnodd ac erfyn am rywun i gydio ynddi, ond doedd neb, dim llaw i'w achub a'i dynnu i ddec sych. Suddodd heb adael corff i wawdio'r byw.

Pa oedran oeddet ti pan deimlaist ti farwolaeth y tro cyntaf, Iolo? Ro'n i oddeutu'r wyth os cofia' i. Fy nhad yn disgrifio marwolaeth fel croesi drosodd i wynfyd, yn enwedig i gŵn neu gathod bach. Ond doedd dim llawenydd yng ngwyneb hen fodryb farw welais i yn ei pharlwr galar, dim ond arswyd; arswyd anferthol a sgrech fudan o benglog di-ddant. Es at ei chorff, a gosod fy llaw, llaw plentyn ar ei thalcen hi; gwewyr oer, oer . . . *sic transit gloria mundi*. Gwyddwn y byddai'r mwgwd hwnnw'n eiddo i mi rhyw ddiwrnod, gwers sobr i fachgen wyth oed ei dysgu, Iolo. Ond, ar Awst y trydydd, mil saith saith wyth, dyletswydd Anderson oedd ei wisgo fo.

Y bore wedyn, plymiwyd ei gorff trwy'r grisial tywyll, yn ddwfn, dwfn i ymysgaroedd iasoer yr Arctig; *bon voyage*, fotanegwr a llawfeddyg. Casgla bwysi o flodyn cilgain a'u cadw'n farw mewn potel hyd nes i ni gyfarfod eto, fy ffrind! Enwodd Cook yr ynys nesaf a ddarganfuwyd yn Anderson Island; craig foel, uffern o deyrnged i fotanegwr, ond o leiaf roedd hi'n deyrnas iddo'i hun, am foment . . . am foment . . . Doeddem ni ddim i wybod fod Bering eisoes wedi enwi'r ynys ym mil saith dau wyth, hanner canrif ynghynt. Amddifadwyd o anfeidroldeb ar yr eiliad olaf! Dyna 'di bywyd, fy ffrind.

Gwthio ymlaen tua'r gogledd, a'r iâ yn gwisgo ar ein gwar; tan i ni gyfarfod â wal gadarn o oerfel ymestynnai o orwel i orwel. I'r gogledd o Icy Cape, 'fedren ni fynd dim pellach, dim cam, *point finale*.

Gorchmynnodd Cook i'r criw saethu dau *walrus* a'u berwi – anodd dychmygu pryd o fwyd mwy diawledig yn y greadigaeth gyfan – wna'th 'y'n stumog i droi hyd yn oed. Gwrthododd pob aelod o'r criw lyncu'r pryd, a phwy all eu beio? Lle bu sibrydion gynt, roedd sŵn eu cwyno i'w glywed yn uwch: *'I will not stomach dissent, Master Bligh! Let them eat biscuits and nothing else!'* 'Ein capten, ac eto nid ein capten,' y cwyno a'r tuchan yn llenwi'n hwyliau. Miwtini . . . Hisht! Ffrindiau, hisht . . .

Wedi methu canfod y llwybr i'r gogledd o New Albion, newidiwyd ein cwrs, i chwilio am lwybr i'r gogledd o Siberia. Ond ar y nawfed ar hugain o Awst, mil saith saith wyth, roedd wal o iâ yn ein rhwystro unwaith eto. Dim tramwy i'r Gorllewin na'r Dwyrain 'chwaith, dim ond diffeithwch o iâ; tir lle rhewyd pob gobaith yn gorn. Dim llwybr; dim gwobr i'w hawlio a dim clod yn ein disgwyl ni 'nôl ym Mhrydain, dim ond Greenwich yn y glaw. Mae methiant yn fwy marwol na'r saith pechod. Wedi profi nad oedd Terra Australis yn bodoli ar ei ail fordaith, roedd Cook ar fin profi nad oedd tramwy rhwng y Pasiffig a'r Iwerydd ychwaith; chwalwr breuddwydion; dyn a fedrai wrthbrofi Duw petai rhywun yn cynnig y comisiwn i'w ddarganfod o.

Dwi wedi bod yn meddwl, Iolo, pan fo dyn wedi siartio manylion ein planed mor drylwyr ag mae fy nhafod i wedi mapio llawer i gotsan, pan fo dyn wedi olrhain ffiniau ei allu ei hun. Pa mor ddi-nod, yn dy farn di, y gall o ddioddef bod? *'Plot a course for the sun, Master Bligh!'* *'Aye aye, captain.'* Troesom ar ein sawdl a hwylio tua'r de.

Yn oesoedd y duwiau, roedd Lono a'i wraig, Xantippe, yn byw dan gysgod craig. Un diwrnod, dringodd dieithryn i fyny atynt

a galw ar wraig Lono, 'Dyma fi, dy gariad di. Gad i ni garu.'
Wedi clywed hyn, curodd Lono ei wraig i farwolaeth. Dygodd
hi i deml, a'i gadael ar yr allor. Yna, cymerodd ei ganŵ a hwylio
hyd a lled *Owhyhee* gan ymladd â phawb a groesodd ei lwybr
galar. 'Dacw Lono wallgo,' meddai'r bobl. 'Rydw i o 'ngho
mewn galar am yr un a gerais, am yr un a lofruddiais,' atebodd
Lono, yna dihangodd ar don o dristwch, gan addo dychwelyd
rhyw ddydd.

Doedd Cook ddim i wybod ei fod ar fin torri'r cyfamod syml
hwnnw pan hwyliodd i mewn i Kealekekua Bay y diwrnod
hwnnw. Sut fedra' fo wybod? Doedd dim bai arno fo, Iolo –
doedd yr un ohonom yn broffwydi. Ac eto, sut fedrai fo, na
ninnau, fod mor ddiniwed â meddwl y medren ni wrthdaro â
bydoedd eraill heb greu canlyniad? Prydeinwyr oeddem, am
wn i; Albanwyr, Gwyddelod a Chymry anghofus wedi ein huno
dan faner Goch Amnesia, Iolo. Duw Gadwo'r Brenin, Cymru
am byth, yn y drefn honno.

Dyma gyfraith y gormeswr, fy ffrind. Pa beth bynnag oll a
ewyllysioch eu gwneuthur o ddynion i chwi, felly gwnewch
iddynt hwy. Parhewch, mawrygwch, anghofiwch; anghofiwch
y cam . . . y cywilydd . . . gall dyn anghofio gymaint, gymaint
. . . O, f'annwyl ffrind, y gwir yn erbyn y byd, mae fy
mhechodau imperialaidd wedi eu hysgythru ar dudalennau
dydd fy marn. Mi losgwn fy llyfrau a chychwyn eto, ond mae
pob bywyd yn gyfamod efo'r diafol sy'n llechu yn ei galon.
Uffern yw'r foment hon, y cof am bob camgymeriad.

O, mae gen i'r fath chwedl i'w nyddu, Iolo; hanes ein hoes,
hanes pob oes; stori Brydeinig o geg Cymro. O Iolo, sut y bu imi
gynllwynio efo'r gorau a gormesu efo'r gwaethaf . . . O na bawn
i wedi 'ngeni yn Ffrancwr neu Americanwr, efo'r dychymyg i
freuddwydio ar adennydd rhyddid, 'fedra i ond breuddwydio
am hualau a'r storm *'O tempora! O mores!'* Pechadur wyf, Amen,
Amen, Amen! *'Samwell was a Welshman, Samwell was not free,
Samwell took the shilling and buggered off to sea.'* Rwy'n ddyn o

'nghyfnod, Iolo . . . o 'nghyfnod . . . o'r cyfnod hwn . . . rŵan! Maddau i mi, fy ffrind, maddau i mi . . .

A gofi di'r hyn dd'wedaist ti'r diwrnod hwnnw ar Fryn Briallu . . . Ar Fryn Briallu yn ffau'r llewod, wyt ti'n cofio beth dd'wedaist ti, Iolo? 'Cana, Dafydd Ddu. Cana! Trwy ein caneuon y down ni'n rhydd. Efallai cymer ganrifoedd i ni wneud, ond os canwn ni hen ganeuon gwŷr Madog a Dafydd ap Gwilym gynt, yna fe dorrwn ein cadwynau. Cana, Dafydd Ddu! Cana gân o 'Gariad, Cyfiawnder a Gwirionedd', cana er mwyn rhoi anadl einioes i genedl. Cana ffrind!' Ond gwae fi, am i mi fethu canu dim ond yr un hen dôn gron, cân y tonnau yn erydu glannau Cymro. Maddau i mi, Iolo. *'We shall anchor here, Master Bligh!' 'Aye aye captain!'*

Angori ym mharadwys ar yr unfed ar bymtheg o Ionawr, mil saith saith naw. Roedd ein hwyliau gwynion yn bochio gan falchder Prydeinig a defodau Hawäi. Sut gwyddem ni fod ein glanio yn cyd-daro â gwledd Lono, a'n bod ni, drwy siawns, wedi angori yn Kealakekua Bay – ei fae o. Roeddem ni'n gwireddu yr hen broffwydoliaeth y byddai Lono, rhyw ddydd yn dychwelyd â baneri gwynion yn dawnsio o'i flaen. O, fy ffrind, bydd ffawd yn canfod ffordd, bob tro, bob tro, Iolo.

Daeth mil o gychod bychain allan i gyfarch eu duw afradlon. Cyn pen chwinciad yr oedd y *Discovery* a'r *Resolution*, ill dwy dan eu sang o frodorion, pob un am ddarn o'r dwyfol. Roedd y dynion yn dwyn popeth nad oedd wedi'u hoelio, gan gynnwys yr hoelion, tra bod eu gwragedd yn caru efo'r angylion.

Safai Cook yn ddisymud wrth i'w ddynion heintio Polynesia gyfan. Mewn gwirionedd, credaf ei fod tu hwnt i boeni erbyn hynny; capten blinedig, blinderus, a wyddai'n well na cheisio atal chwantau dynion wedi caethiwed gyhyd. O'n rhan i? Swyddog oeddwn, 'chyfranogais i ddim o'r Sodom yma; dim ond syllu . . . yn galed, mor galed ag asgwrn morfil, pechadur dall, dall wyf i.

Ac eto, gyfeillion, mewn tywyllwch mae goleuni. Sylwais ar un greadures ddiniwed a oedd wedi esgyn i'r llong yn unswydd er mwyn rhyfeddu at ardderchowgrwydd y dwyfol. Peth bach tlws, rhoddais ddwy freichled iddi – un ar gyfer bob braich. Wrth iddi rwyfo tua'r lan, roedd ei llawenydd, yn llawenydd pur, Iolo, i'w gweld hi'n dangos y breichledi i bawb wrth fynd heibio pob canŵ, yn codi ei breichiau a'u dal i fyny i bawb weld ei thrysorau newydd. *Sancta simplicitas*, yn Gomora triga Fenws.

Gosodwyd trefn ar y gyflafan pan ddaeth yr uwch offeiriad Parea ar fwrdd y *Resolution* a gorchymyn i'r brodorion adael tua'r lan. Yna, gyda chryn ddefod gosododd fantell blu am ysgwyddau'r capten, *'Lono Lono!'* llafarganodd, *'Lono Lono! Duw y Duwiau! Wele'r dyn!'* Yna croesodd Cesar y *Rubicon*, y ffrwd ddiadlam. Ddylsen ni fod wedi hwylio heibio, Iolo, wedi hwylio heibio. Canys dim ond un duw sydd, a'r storm yw hwnnw, Iolo. Duw helpo'r dyn sy'n edrych i fyw ei lygaid o!

Yn ystod ein dyddiau cyntaf ym Mharadwys, Iolo, fe flason ni foethau'r duwiau. Gyda'r dewis o ferched nobl, doedd 'na'r un ohonom na fyddai wedi medru cystadlu gyda'r *Grand Turk* ei hun. Roedd dynion yr ynys mor barod i buteinio'u gwragedd yn ddiedifar. Os mai Eden welais i yno, fe fwytais i 'ngwala a mwy o'i ffrwythau; ffigys mor felys, mor mor felys, Iolo, diniweidrwydd mor aruchel; cnawd cadarn, danteithiol a phersawr digon i feddwi Piwritan. *A-re-a*, *Koo-e-hoo*, *O-caw-roe-iree*, enwau duwiesau yn dawnsio ar flaen fy nhafod, ac o, y fath ddawnsio fu ar flaen eu tafodau hwy; eu tafodau wedi eu tatŵio yn benyd am yr anfri ddygodd Xantippe ar ei rhyw. Wir Dduw i ti, Iolo, wir Dduw. Pan anfri fedr y fath brydferthwch ddenu? Cywilydd Adda'n unig yw hwn, mae rhinwedd yn fai mor anrhinweddol, staes yr hunangyfiawn yw; mor Seisnig, Iolo, mor Seisnig. Cymro 'di nghoc i; hen hen dafod, nad oes angen cyfieithiad arno bob tro.

Wedi sawl dydd o aros, cyrhaeddodd Brenin Hawäi gyfan, i

dalu gwrogaeth i Cook; Lono; Duw. Roedd croen ei wyneb wedi plicio fel rhisgyl hen goeden, ei lygaid yn goch a dyfrllyd. Effaith y Kava wedi cydio ynddo. Ei ddyletswydd brenhinol oedd yfed y ddiod a phydru o flaen ei bobl; cloc dynol i fesur llygredigaeth y cnawd. Safodd ymysg offerynnau amser gan siglo fel pendilwm . . . ond nid dan effaith y Kava yn unig, na, nid y ddiod yn unig, Iolo . . .

Mi oedd 'ne ffarwel yn ei *Aloha*. Oherwydd mae duwiau yn bethau anghyfleus i frenhinoedd. Gyda dylanwad yr offeiriaid yn cynyddu, mae dylanwad brenin yn gwanychu. All yr un brenin oddef Becket yn ei lys, all yr un brenin oddef hynny. Roedd y bwyd ddaeth efo fo i anrhydeddu Cook yn anrheg ffarwél dieiriau. Bygythiad oedd prin wedi ei gelu.

Yn y dyddiau'n dilyn ymweliad yr uwch frenin, newidiodd agwedd y brodorion tuag atom. Lle bu caredigrwydd, bellach roedd anfodlonrwydd . . . diffyg amynedd! Rhwbio'u stumogau gystal â dweud, ''Dech chi wedi gloddesta a phesgi'ch esgyrn hallt, rŵan ewch!

''Dech chi'n Dduw, ond dynion y'm ni, ewch rŵan, efo'n rhoddion, neu fe grewn bantheon newydd wedi'i seilio ar eich gwaed chi. *Adieu* ac Amen.' Ar y pedwerydd o Chwefror, mil saith saith naw, hwyliodd dau gan Adda ar gusan ffarwél o wynt, allan o'r Eden a lygrwyd ganddynt.

(Y storm)

'A thousand furlongs of sea for an acre of long heath, barren furze, anything!' Beth yw'r ots gan donnau di-hid am enw Cook na King! *'What, sir?' 'Nothing, sir.' 'The first man to pray, the first to greet Neptune! Master Bligh! We shall ride out the storm! Double reef and get down the top gallant yard! We shall not drown this day!' 'Aye aye captain!' 'All hands to the deck! All hands!'*

Fy llaw! Llaw llawfeddyg, fu unwaith mor gadarn, bellach yn grynedig. Wnaiff rhywun blethu pum bys â 'mhum bys i, a'n nhynnu i'n rhydd? Anna, f'annwylyd, cymer fi. Dal fi'n agos at dy fron, gwiredda freuddwyd hen gi ar ddiwedd ei ddyddiau, mae anobaith yn fy llusgo i'w berfeddion . . . Estyn amdana' i ac addefaf beidio lladd dy farddoniaeth fel gwnaeth dy dad. Nid dy dad yw pob dyn, nid fi yw dy dad; anrhydeddaf ac anwylaf pob gair wrth iddo dorri'n rhydd o dy galon . . .

'Is that man praying, Master Bligh?' 'Crying, sir!' 'The Pacific is an ocean too deep for tears. Look into the storm and face it, sir! Face it, man! Look at me! Damn your eyes, Samwell! Don't Welsh on me now! Look at me, sir!' 'The foremast, sir!' 'What of the foremast, Master Bligh?' 'The foremast has sprung, sir.' 'Sprung sir? Damn the whores of Deptford! Damn their opium!'

(Mae Samwell yn arllwys glasiad o Laudanum)

Ymwrola fi, Iolo, ymgaleda fi. Cwyd fi i'r haul fel petaet ti'n codi cerdd o ddifancoll. Dyro i mi dy law, fy mardd Silwraidd! Fedri di ddim gwrthod hawl sylfaenol dyn? Ti, nad oedd am gymryd y bunt o India'r Gorllewin am fod pwys o gnawd yn dal i lynu wrtho; dyro hanner pwys o ryddid, Iolo! Rhyddha'r caethwas, rhyddha'r genedl! Liberté!

Tyrd yn agosach, Iolo! Yn nes! Fedra' i mo dy gyrraedd di fan'no! Cymer fy llaw cyn i'r tonnau fy sugno i lawr, lawr, lawr ymysg y pysgod sydd â dannedd miniocach na dy ddychymyg. Tynna fi'n rhydd, Iolo! Rhy bell . . . rhy bell i mi ymestyn. Melltith ar y storm ffiaidd hon.

'When reason strives, but strives in vain, to banish care, to vanquish pain, and calm sad thoughts to rest, thy soothing virtues can impart, a bland sensation to my heart and heal my wounded breast . . . and heal my wounded breast.' (Mae'n canu) . . .

'Ffrind pechadur, ffrind pechadur, dyma 'mheilot, dyma 'mheilot ar y môr' . . .

Gosteg . . . môr heddychlon . . . gloywder . . .

(Mae'r storm yn pylu)

Ddylsen ni fyth fod wedi dychwelyd i Kealakekua Bay wedi'r storm – byth bythoedd, yn oes oesoedd, Amen. Roedd y dynion am hwylio ymlaen tua Maui a chymryd ein siawns yno, adnoddau newydd ac Aloha disglair, glân, Iolo. Ond roedd Cook yn benderfynol, yn benderfynol, fy ffrind! *'We shall return and repair, Master Bligh'* *'Aye aye, captain,'* ac fe droeson ni tua'r gorwel treisgar unwaith eto.

Roedd y croeso gawson ni wrth angori am yr eildro yn *Aloha* denau iawn. Daeth pennaeth mawr ei ddylanwad ar fwrdd y llong gyda'r bwriad o gyfnewid mantell o blu teilwng o frenin; digon da i dduw. Ond nid oedd am gyfnewid honno am ddim llai na naw cyllell haearn. Naw cyllell haearn, yn enw Neifion; a phob un cyn hired â'i fraich! Nid y trachwant oedd yn ein poeni ond ei fwriad; y trais oedd yn rhan o'r masnachu; a neb yn ceisio celu'r trais, Iolo.

Daeth pennaeth arall at y llong i ofyn pa rai ohonom oedd yn rhyfelwyr neu *Tata Toa* fel y galwodd hwy. Dangosodd ei holl greithiau o frwydrau a fu a herio Cook i ddangos ei greithiau fo. Cynigiodd Cook ei law dde, ei law efo'r graith rhwng y bys a'r bawd – y graith dderbyniodd oddi ar arfordir Greenland. Llaw rhyfelwr, roedd hi'n plesio. Yr oedd Lono yn wrthwynebydd teilwng yn y frwydr rhwng duw a dyn, Iolo. Draw dros y bae, sŵn hogi llafnau.

Yna, daeth yr uwch frenin i'r llong; dim rhwysg, dim cyfarchiad, dim ond cwestiwn. 'Pam wnaeth Lono dorri'r cytundeb rhwng duw a dyn?' Cheisiodd o ddim cuddio'i gynddaredd am eiliad. Roedd ei gasineb yn eiriasboeth; lafa toddedig yn byrlymu'n fflamgoch dan y croen; llosgfynydd ar fin ffrwydro dim ond yr anochel oedd ar ôl, Iolo; gwrthdaro, distryw . . . heb anghofio dwyn, wrth gwrs, heb anghofio'r dwyn . . .

Dygwyd morthwyl a gefail oddi ar fwrdd y *Discovery*. Syndod i bawb oedd gweld Captain Clerke yn anarferol o lym efo'r lleidr. Yn ddyn maddeugar iawn pan oedd yn iach, roedd salwch wedi treulio'i amynedd. Defnyddiodd ei afiechyd i ddial, dedfrydodd y lleidr i ddeugain chwip o'r gath; deugain cusan waedlyd; deugain cusan dân.

Fuost ti'n dyst i fflangelliad, Iolo? Bigaist ti ddarnau o gnawd dyn oddi ar dy ddillad, sychu ei waed oddi ar dy wep? Naddo? A thithau 'nghariad i? Gwn fod rhai merched yn darganfod pleser mewn poen; gweddwon y grocbren yn ymestyn eu gyddfau am gip o godiad. Wyt ti'n ymestyn dy wddf f'alarch wen i? Na, mae'n siŵr bod dy ben yn dy blu . . . Rwyf fi wedi bod yn dyst i sawl fflangelliad . . . nifer dirifedi. Y gath yn sgrechian o'i chwd gan gleisio'r awyr yn ddulas; toriad i'r dde, toriad i'r chwith, chwipiad i ddinoethu'r asgwrn cefn. Mil o chwipiadau, gyfeillion, mil marwolaeth, mil o oesau . . .

Gall dyn ddioddef tua chant o chwipiadau cyn colli ymwybyddiaeth. Erbyn hynny, mae ei gorff yn ddarn o gnawd marw, amrwd – wedi ei losgi i'r asgwrn; fedrwch chi weld ei asennau'n ymladd am anadl drwy'r gwaed. Caiff ei dorri lawr a'i gymryd oddi tan y dec, i wella'r clwyfau, am fod y gath yn mynnu ei hawliau, bob un chwip, Iolo, pob llyfiad o groen truenus. Yna, pan fo'r croen newydd wedi dechrau gweu am y cefn, mae'r gath yn mewian amdano, caiff ei lusgo i'r dec i barhau'r artaith. Dyma wareiddiad, Iolo!

Cofiaf nad oedd cefn un dyn, a ddedfrydwyd yn annheg yn fy marn i, wedi gwella digon iddo wynebu'r gath eto. Plediais iddo gael ei sbario hyd nes ei fod yn barod. Ddylwn i ddim fod wedi ymestyn ei artaith; yn aml, marwolaeth yw'r unig wellhad, oblegid gobaith yw'r drwg sy'n gohirio artaith dyn. Duw a helpo *surgeon*!

Un noson, wrth dendio ei glwyfau, 'Syr' sibrydodd, 'Teimlaf fy mod i wedi byw fy mywyd cyfan mewn artaith a phoen, a bod yr adeg pan oedd pleser mewn bodolaeth yn freuddwyd o amser maith, maith yn ôl . . . ' . . . maith, maith yn ôl . . .

110

Unwaith i haenen denau o groen dyfu dros ei glwyfau, fe ganodd y gath amdano. Gyda'r chwipiad cyntaf, rhwygwyd y croen newydd oddi ar ei asennau i ddatgelu tynerwch ei gnawd; cant ac un, cant a dau, dau gant a naw, dau gant a deg, syrthiodd i lewyg am yr eildro, ei gefn bellach yn wers anatomi. Llusgwyd o islaw, ei freichiau wedi'u hymestyn a'u hystumio yn annaturiol oherwydd y ffordd bu'n hongian i dderbyn ei gosb. Ymestynnodd am ei iachawdwriaeth, ond doedd dim i'w gael, dim ond celain, i wawdio'r byw. Bu farw â thros saith gan llyfiad yn ddyledus i'r gath. Ond fyddai'r gath byth yn newynu yn Llynges y Brenin; morwr neu frodor, cnawd yw cnawd, gwaed yw gwaed.

Wedi i'r brodor gael ei haeddiant, daeth yr uwch offeiriad Parea i'r llong. 'Fe ddaw trais i'ch rhan os curwch chi ddeiliaid y Brenin,' rhybuddiodd, fel petai Lloegr gyfan yn crynu, o Gaerwysg i Gaeredin, o glywed y bygythiad! A'r eiliad honno, daeth cri 'Lleidr! Lleidr!' o'r dec uwchlaw. Dygwyd morthwyl a gefail eto! A gredi di, Iolo, yr un morthwyl a gefail! Ysywaeth, y tro hwn, roedd yr euog wedi ffoi dros yr ochr cyn i Clerke fedru bloeddio ei orchymyn, *'Fire!'* a chydag un gair, gynnau'r ynys yn wenfflam!

Mae dyn yn rheibus; oriog a threisgar fel tân mawr yn llyncu popeth o'i flaen. Des i gredu, Iolo, fod dyn yn llosgi am un rheswm, ac am un rheswm yn unig, er mwyn atgyfodi Duw o ludw ei anrhefn ei hun. Rhyfyg yw credu y medrem greu cariad o ludw dial, artaith, gwewyr a marwolaeth! Mae casineb yn rhan annatod o'n rhyw; a chariad, mor ddi-ddal, mor chwit-chwat . . . mor estron . . . mor anwar.

Dydd Sul, Chwefror y pedwerydd ar ddeg, mil saith saith naw – dydd Sant Ffolant gwaedlyd. Wrth iddi wawrio fe ddarganfuwyd fod *cutter* y *Discovery* wedi diflannu dros nos. *'Oxygen to the flame, Master Bligh, oxygen to the flame. We must not*

*let the natives think they have the upper hand. Burn, sir, burn, we
must teach these savages a lesson.'*

'*Savages*' – gair i'w boeri gyda dirmyg. '*Savages*' – mor
nawddoglyd o sislyd; yma mae'r anwar, yma mae'r dreigiau,
yma mae'r canibaliaid â llond eu cegau o bidynnau'u gelynion
celain. Yma mae merched Cymru! Yma mae merched Hawäi!
'*Savages,*' yn neno coc Neifion! Mor imperialaidd! Mor
ddamniedig o '*Jerusalem!*' Mae cnawd yn binc, roedd Crist yn
ddu a dim ond y storm sy'n teyrnasu, Iolo, dim ond y storm.
Melltith arni!

Aeth Cook allan y bore tyngedfennol hwnnw efo gwn dau faril
yn ei law – un baril efo siot mân, y llall efo pelen; un baril i godi
ofn ar yr anwybodus, a'r llall i ladd yr haerllug. Roedd o'n dal
o'r farn y byddai'r anwar yn cael eu dofi gan y gwn, fath â
phlentyn sy'n ofni'r dyn du. Mor fychanol, mor Brydeinig! Yr
hyn nad ystyriodd, Iolo, oedd i'r anwar ei herio am ei fod e'n
bygwth trefn eu byd. Nid dadl dros gwch ydoedd, roedd hi'n
frwydr i'w hymladd rhwng Duw a dyn. Armagedon. Doedd
ganddyn nhw ddim i'w golli, dim yw dim. Ac eto, gydag
anwybodaeth a haerllugrwydd yr ymadawodd Cook y bore
hwnnw – barilau llawn i ddysgu gwers! A pha wers oedd
honno? Yr un hen wers, Iolo, yr un hen wers . . . Nid ydwyf yn
amau am eiliad mai ei fwriad cyntaf oedd trafod gyda'r brenin
a cheisio diweddglo heddychlon. O fewn ei feddwl dryslyd,
roedd arlliw o Cook arall a mordaith arall, Iolo. Ond nid
unrhyw fordaith oedd y fordaith hon, aie? Dyma fordaith
rhwng byw a marw, er mai dim ond y fo oedd yn ymwybodol o
hynny, dim ond y chi, syr . . . Ac felly, fe newidioch ei feddwl!
Fe newidioch eich meddwl, syr! Ffolineb llwyr oedd
penderfynu cipio'r Brenin a'i ddal ar y *Resolution* hyd nes i'r
brodorion ddychwelyd *cutter* y *Discovery*. Do, mi lwyddodd y
fath dacteg mewn rhannau eraill o'r cefnfor – mi fedrai weithio
eto, neu dyna oedd eich gobaith, onid e, syr? Gobaith mul . . .
gobaith mul.

Dwedwch wrtha i, wyneb yn wyneb, claf wrth ei feddyg, capten wrth un o'i griw, a oeddech chi'n credu o ddifri y medrech chi gipio'r Brenin oddi wrth ei bobol, oeddech chi, syr? Ac wrth i chi ei dywys o'i gwt i'r traeth, oeddech chi'n disgwyl y byddai ei ddeiliaid yn ymrannu fel y tonnau a'ch gadael i fynd heibio, oeddech chi? A phan syrthiodd un o'i feistresi wrth ei draed a begian arno i beidio gadael tir y byw, oni deimloch chi bwysau cenedl yn gwasgu arnoch chi? Wnaethoch chi ddim cwestiynu? Ynteu a gredoch chi ar yr eiliad honno eich bod chi wir yn dduw – yn dymestl o ddialedd yn chwythu ar draws y cefnfor? Edrychwch i fyw fy llygaid i, syr . . . Ai'r storm ydych chi syr? Ai'r storm ydych chi? Na, 'choelia' i fawr, 'choelia' i mo hynny. Oherwydd dyn ofnus saethodd y siot gyntaf, dyn gwag, llawn arswyd a saethodd siot mân at frest y rhyfelwr, pigiad bychan at galon yr anwar. 'Mae'n rhyfel,' gwaeddodd yntau, 'Mae Duw wedi datgan ei fwriad â thân.' Yna fe ddatganoch chi eich bwriad eto gan saethu sgrech o'r ail faril at frest dyn arall a feiddiodd eich bygwth efo gwaywffon. Ond mi saethoch chi'r dyn anghywir a bu raid i'ch sarjant ddysgu gwers i'r digywilydd yn eich lle. Ac a wnaeth yr anwar ddysgu eu gwers wedi hynny? A doddon nhw yng ngwyneb gwn gwareiddiad? Efallai iddyn nhw oedi am fymryn wrth bendroni, a feiddien nhw ladd Duw. Mi feiddien, ac fe fynnon nhw nesáu gyda llafn a phastwn gan ofyn fedrai Lono waedu ac a oedd ei gnawd yn felys? *'They are slavering, Master Bligh!' 'They are hungry, sir.' 'Then let them eat lead, sir, let them eat lead! Fire at my command!' 'Aye, aye, captain.'*

Roedd hi'n glawio cerrig am ben y Marîns wrth iddyn nhw danio peli plwm o ofn i ganol y dorf. Ond, mae'n cymryd amser i ailosod gwn, gormod o amser mewn sefyllfa gyfyng. Ac wrth i'r rhyfelwyr glosio, taflodd y Marîns eu gynnau i'r tywod a throi ar eu sodlau tua'r cychod. Bu'r rhan fwyaf yn ffodus, ond lliwiodd gwaed yr ychydig, y lli yn don goch o ddial ac mae dial, fel y cefnfor yn ddwfn, ddwfn . . .

Ac felly fe'ch gadawyd chi ar eich pen eich hun, Crist y Graig, yn wrthodedig gan ddyn. 'Maddau iddynt, canys ni wyddant pa beth y maent yn ei wneuthur . . . ' gynau'n tanio o'r cychod. ' . . . *Cease firing, I said cease firing! I will not see another man die this day!'* Na, ni fuasech chi'n dyst i fwy o waed y dwthwn hwnnw, ond mi fuon ni. Fe welsom ni farwolaeth yn cripian tuag atoch chi; marwolaeth filain gyda phastwn anferth yn ei law, yn ansicr a oedd gan dduw lygaid yng nghefn ac ym mlaen ei ben. Pan droesoch chi i'w wynebu, arhosodd yn stond fel plentyn yn chwarae delwau yn y parc, yna pan droesoch chi yn ôl at y cychod, dynesodd eto. *'Put down that gun man! Put down that gun! Listen to me, sir!'* Na, syr, gwrandewch chi arnaf fi! Gwrandewch ar glec Golgotha yn seinio trwy'ch pen. Teimlwch y boen, yn lledu o'r trawiad. A'r lwmpyn, syr, lle torrodd pastwn anwar eich penglog, ydy o'n dal yno? Yn tystiolaethu i ddynoliaeth capten mawr? O'r fath Grist fuoch chi . . . Mi fedrech fod wedi achub eich hunan y diwrnod hwnnw, ond wnaethoch chi ddim. Wrth i chi betruso, synais at pam i chi ddal eich tir pan oedd cwch prin bum llath i ffwrdd! Gresyn na wnaethoch chi estyn allan, mi fasem ni wedi gallu'ch cyffwrdd chi, eich dal chi petaech wedi neidio, ond wnaethoch chi ddim. Wnaethoch chi ddim . . . Pam? Bu'r cwestiwn yn peri cryn benbleth i mi am flynyddoedd, cyn i mi sylweddoli mai dyn oeddech chi, dyn a eisteddodd am dri phortread ar ganfas cyn ymadael â Deptford. Roedd hanes yn eiddo i chi, gwelsoch eich cyfle'r diwrnod hwnnw ar y graig, a'i gymryd. Am ddyn lwcus, lwcus; prin yw'r sawl yn ein plith sydd wedi eu bendithio gan yr hawl i ddewis pryd a sut i farw; ein hanffawd ni yw pydru am flynyddoedd a threngu'n annhymig.

Llafn arall i gefn eich gwddf ac fe syrthioch a'r anwariaid yn nesu gan udo am eich gwaed, ond, cyn iddynt selio'ch ffawd, fe godoch chi'ch pen am y tro olaf a sibrwd, 'Gorffennwyd'. Yna fe'ch llusgwyd i'r dŵr twfn, a welodd neb mohonoch chi'n fyw eto.

(Mae'r storm yn agosáu)

Dywed rhai y buoch farw dros bechodau Hawäi, 'chreda' i mo hynny am i mi weld eich llygaid wrth ichi betruso, a'r hyn welais i oedd casineb, hunangasineb dyn a oedd wedi hwylio'r storm trwy gydol ei oes ac oedd bellach yn ysu am foroedd tawel. Dyn blinedig, dyn sâl, dyn oedd â dim oll yn ei ddisgwyl ond doc sych 'nôl yn Greenwich lle mae het llyngesydd yn sarhad i'r lli. Pa fath o fywyd fasai hynny i gapten a amgylchynodd y blaned gyda'i freuddwydion? Hunllef o fywyd. Felly fe ddewisoch chi farw efo'r heli yn eich gwallt a'r weilgi yn eich gwaed . . . Rhyddid! Ond mae 'na bris ar ryddid.

O, 'nghyfaill, y pleser gymerwyd wrth regi'ch corff â chyllyll. Cymryd y llafn o ddwylo'i gilydd er mwyn diwallu'r angen i drywanu Duw syrthiedig. Gwladychwyd eich corff gan frathu, darnio a thrywanu'r duwdod a feiddiodd herio dyn, llifodd eich gwaed i grochan berw'r môr a'i ddigoni. Suddo lawr, lawr i'r dyfnderoedd a lledodd ar draws y cefnfor anferth. Chwarae ar draethau nad oeddynt wedi eu darganfod eto, cyfandiroedd cyfan o ddychymyg wedi eu bedyddio â'ch gwaed chi. Mapio'r byd cyfan ac yna, diflannu.

Dyna oedd eich dymuniad, ynte, syr? Cael eich anrhydeddu, fel yr Anturiaethwr mawr yn hytrach na'ch pitïo fel Llyngesydd oedd yn methu dal ei ddŵr yn hwylio ar fôr o biso; yn cael eich anfarwoli mewn cerdd a chân cynffonwyr, yn llwyddiant! Llwyddiant . . . am air i'w sawru! Oherwydd mae methiant yn bryd o *walrus*, amhosib i'w dreulio, mae'n suro a chancro'r perfeddion, yn dywyllwch sy'n llosgi calon dyn . . . dioddefaint diddiwedd . . . dim. Ofnaf ebargofiant, mae'n llymach na'r un llafn. A'r ofn hwn, yw'r anwar o fewn pob dyn, boed o Hawäi neu o Brydain, mae'r arswyd 'run fath . . . i fod yn ddim mwy – a llawer llai na fo'i hun . . . i fod yn ddibwys. Wnai ddim dychwelyd i ddim! Ofnaf y llwch! Mae arna' i ofn. Mae arna' i ofn ofn. Ofn yr ofn o ofn ei hun. Rwy'n ddyn sydd yn rhy ofnus o farwolaeth i fyw.

Pob eiliad effro ofnaf y storm; bob nos breuddwydiaf y daw fy Nhata Toa personol i drywanu'r wawr rhag i mi ei gweld hi eto. Rwy'n glaf gan ofn; yn glaf o glywed y gair, yn glaf o amheuaeth, yn glaf gan ferfau ac ansoddeiriau artaith. Melltithiaf y bastard a feiddiodd erfyn ar Dduw'r tro cyntaf. Does dim Duw! Does dim Duw! Dim ond y storm! Nid ildiaf fyth!

'Mae ein tad wedi mynd,' criodd dynion yn eu hoed a'u hamser. Ein tad, yr hwn wyt yn y nefoedd, rŵan, pa obaith sydd i ni? Dyro i ni heddiw ein bara beunyddiol, a maddau i ni ein dyledion fel y maddeuwn innau ein dyledwyr, ond, 'Dialaf,' medd Duw, ac ni throwyd yr un rudd, a chyda gynau mawrion digysur, bombardiwyd y pentref. Yna'n hwyrach, pan a'th criw o ddynion i'r lan i nôl dŵr, ymosodwyd arnynt – wedi hynny, doedd dim dal ar y dial. Chwalwyd pentrefi cyfan gan saethu pawb o'u blaenau; dynion, merched, plant, y cyfan yn ddiwahân. Ac er mawr cywilydd iddynt hwy, ac er ein cywilydd ni, ac er cywilydd pob dyn, dienyddiwyd dau ryfelwr a gosod eu pennau ar ben blaen eu cychod, er mwyn gwatwar yr anwar fel y gwatwarson nhw ni o'r lan. O fod yn anwaraidd i'r anwar, ymhle mae gwareiddiad? Ond heriaf bob Cristion hunangyfiawn sy'n diawlio'r hyn ddigwyddodd, o bwll düwch ei ragfarn, i daeru wrtha' i â'i law ar y llyfr sanctaidd, na fuasai wedi ymateb yn yr un modd o ddod wyneb yn wyneb â'r fath farbariaeth. Taerwch yn enw Duw! Taerwch! 'All yr un dyn farnu, yr un dyn . . .

Rhai diwrnodau wedi hynny, syr, gadawyd eich gweddillion wrth y lanfa, fel offrwm heddwch . . . yr anrheg olaf un. Cafwyd hwy wedi'u lapio mewn mantell o blu du a gwyn; mantell ar gyfer yr un a ddarniwyd, yr un a lyncwyd.

Mewn gwirionedd, gallasai'r gweddillion fod wedi bod yn weddillion unrhyw ddyn, heblaw am y dwylo. Chawson nhw mo'u llosgi, ond yn hytrach eu halltu â sawl hollt wedi'i dorri yn y croen er mwyn sugno'r halen. Heb amheuaeth, dyma'i ddwylo fo. Eich dwylo chi, syr. Mi wnaethom eu hadnabod nhw oddi wrth y graith fawr rhwng bys a bawd, llaw rhyfelwr, *Tata Toa*, llaw dyn, llaw duw. Estynnwch tuag ata' i . . . Cymerwch fi . . . Rhyddhewch fi o 'ngalar . . .

(Y storm)

Mae mwy o ronnynau yn y gwydraid hwn na sydd o sêr yn y ffurfafen . . . er, prin yw'r troeon i mi lygadu'r sêr yn ddiweddar yn y storm wareiddiad hon. Mae Llundain yn ddidostur – tymestl ddiddiwedd. Gwell Sledge Island na Fetter Lane! *'All hands to the pump!'* Ond un dyn yn unig ydw i. Myfi yw Dafydd Ddu Feddyg, bardd a derwydd Gorsedd Beirdd Ynys Prydain; yn hwylio llestr egwan dros fy moroedd fy hun, yn boddi, yn breuddwydio am gefnfor grisial.

O, f'annwyl Iolo, os digwydd i mi foddi heno, dywed straeon Gwenhwysaidd amdana' i, nydda chwedlau am lawfeddyg fedrodd osod esgyrn yn y ddrycin waethaf, ond na fedrodd lywio cwrs tuag at foroedd tawel. Pan fyddaf farw, dywed gelwydd amdana' i. Pletha fi i we hudol dy Gymru di, annwyl Iolo, gad i mi droedio drwy genedl dy ddychymyg, fy ffrind. Cyfansodda fi, crea fi . . .

A thithau, Anna, fy nghariad. Sbïa arna' i, sbïa! Unwaith cyn i mi fynd . . . Anna, plîs . . . Mae 'nghalon yn dy ddwylo . . . na, chymera' i mohoni yn ôl, cymer di hi. Rwyf wedi morio hyd y moroedd oll i gyd hebddi gydol y blynyddoedd, pa ddefnydd wna i ohoni rŵan? Llosga hi, yna gwasgara'r llwch ar y moroedd . . . ac os medri di ganfod yr angerdd yn dy galon, casâ fi!

F'enw yw Dafydd Ddu Feddyg, llawfeddyg y *Discovery*, ar ddyletswydd, syr. Rhoddais drefn ar fy mhethau – barod wyf i hwylio'r bore hwn. Does dim i 'nghlymu i'r lan, dim gwlad na chalon, rwy'n un o ddynion Neifion ac yn ysu am y tonnau. Beth ddwedwch chi, syr? Fy nghapten?

'Welcome aboard, sir.' 'Diolch, o waelod fy nghalon, syr, o waelod fy nghalon.' *'Spare me the eulogy, Mister Samwell! Plot a course for the crystal seas, Master Bligh.' 'Aye aye, captain.' 'Let us pray for a fair wind and no pox, gentlemen.'* Mor dawel . . . Môr Tawel . . . Pasiffig . . .

(Mae'r storm yn gostegu. Mae'n hwylio môr heddychlon sy'n adlewyrchu sêr y ffurfafen.)